工信部"工业和信息化人才能力提升证书"认证系列教材
ERP应用人才资质认证系列教材

ERP 供应链管理应用教程

（第三版）

ERP 应用教程编委会　编著

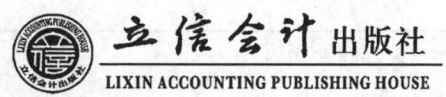

图书在版编目(CIP)数据

ERP供应链管理应用教程/ERP应用教程编委会编著.—3版.—上海：立信会计出版社,2020.11(2024.2重印)
ISBN 978-7-5429-6641-4

Ⅰ.①E… Ⅱ.①E… Ⅲ.①企业管理—供应链管理—计算机管理系统—教材 Ⅳ.①F274-39

中国版本图书馆CIP数据核字(2020)第234446号

ERP供应链管理应用教程(第三版)
ERP Gongyinglian Guanli Yingyong Jiaocheng

出版发行	立信会计出版社		
地　　址	上海市中山西路2230号	邮政编码	200235
电　　话	(021)64411389	传　　真	(021)64411325
网　　址	www.lixinaph.com	电子邮箱	lixinaph2019@126.com
网上书店	http://lixin.jd.com		http://lxkjcbs.tmall.com
经　　销	各地新华书店		
印　　刷	常熟市华顺印刷有限公司		
开　　本	710毫米×1000毫米	1/16	
印　　张	11		
字　　数	210千字		
版　　次	2020年11月第3版		
印　　次	2024年2月第3次		
书　　号	ISBN 978-7-5429-6641-4/F		
定　　价	30.00元		

如有印订差错,请与本社联系调换

序

随着中国企业与国际接轨，中国在经济发展上的一项重要战略任务就是，经济建设要走新型工业化道路，坚持以信息化带动工业化，以工业化促进信息化。随着信息化的广泛普及和应用，ERP在企业中开始变得越来越重要，社会和企业对信息化人才的需求与日俱增，企业需要的人才不再只是单一专业的人才，而是具有综合能力的、掌握ERP专业知识和技能的人才。

为加速提升企业管理及竞争力，我们已将人才培养及人才引介服务，列为公司的重要发展战略，为ERP产业的发展及人才培育贡献一份力量，让ERP在中国广泛应用！

众所周知，ERP系统作为一个企业的管理工具，其核心围绕的是"人"，"人"的思维和意识是成功提升ERP应用的关键因素。要使ERP系统在企业中真正发挥作用，必须转变"人"的思维模式和行为方式，这不仅涉及工作习惯的转变，还涉及经营方式、管理方式等深层次的转变。具体落实在行动中，就是对"人"进行ERP培训和教育，而这一点在企业中往往会被忽视，仅仅将大量资金投入在软、硬件上；在学校中又常常被局限，仅将ERP视为一种技术，在操作培训和教育方面难以和企业实际相结合。可见培养专业化、职业化的ERP应用人才已经成为企业、学校及ERP厂商所面临的重要任务。

鼎捷软件知识学院以服务高校教育为己任，构建院校与企业人才输送的桥梁，整合行业及企业优势资源，打造ERP实验教学校企合作方案，免费租用软件，免费提供相关教学教案，让老师轻松教学，让学生实践操作；鼎捷软件知识学院还正式推出ERP应用人才认证体系，同国家工业和信息化部联合颁发"工业和信息化人才能力提升"证书，希望以此为广大企业用户及有志于从事ERP相关工作的人士，提供一个专业人才资质验证的渠道，不仅能证明自身的专业能力，更能在信息技术应用能力越趋重要的人才市场上增添竞争优势。此外，鼎捷软件知识学院还搭建了ERP人才网，为企业和个人搭建一个沟通平台，展现企业的需求和个人的信息，方便企业与ERP人才间的匹配，为企业客户提供ERP人才的一手资料，保证企业招聘质量,提高ERP领域人才求职效率。

  我们将ERP人才的培养作为我们的社会责任,愿意和广大有志于培养中国信息化人才高等院校、教育机构合作,为ERP行业人才的培养和ERP在中国的成功应用贡献出我们的一份力量。

叶子祯

2020年11月

再版前言

鼎捷软件知识学院根据未来市场对ERP复合人才的迫切需求,在总结多年ERP专业人才培训经验的基础上,特别组织了行业专家和资深顾问成立ERP应用教程编委会,为高校师生、企业用户及社会在职人员,有针对性地设计了一系列"ERP应用人才培训课程"。从ERP的发展史、实施方法、案例分析到ERP系统的实务操作,课程设计深入浅出,以最通俗、最贴近企业应用实务的思考模式来引导ERP初学者,使其对ERP在企业中的价值有正确的认知和理解并掌握其应用。

易飞ERP软件版本目前已升级至9.0版本,与智能制造产品MES、智派工、智物流、智能战情室均能有效集成使用。应财税〔2019〕39号文件要求,鼎捷易飞产品同步进行了相应修订。为了反映易飞ERP软件的新成果和应用的新方向,适应市场发展,保持本书的先进性、科学性和实用性,我们对本教材进行了修订。

本系列教材是"工业和信息化人才能力提升证书"认证指定教材,是鼎捷软件知识学院以易飞ERP软件为平台所编写而成的。本系列教材共分为《ERP应用基础教程》《ERP供应链管理应用教程》《ERP生产制造管理应用教程》《ERP财务管理应用教程》四册。其中《ERP应用基础教程》主要介绍基础理论和ERP软件实施方法,内容简练易学;《ERP供应链管理应用教程》《ERP生产制造管理应用教程》《ERP财务管理应用教程》采用模拟企业实际经营场景与功能模块相结合的方法设计实验,引导学习者身临其境走进ERP世界。

为了协助学习者更好地理解ERP知识,更顺利地通过认证考试,更好地提升ERP系统的应用效益,经过鼎捷软件知识学院专家们的共同努力,还研发了配套的网络学习E-Learning教学课件,内容融合企业真实情境,并结合ERP应用经典案例解说,可以使ERP学习更加高效、更加轻松自如。详情访问:https://irrat.duanshu.com/#/course/53edbcc0bcb44f39a9f5ac9bcfe77655。

本教材可作为高等院校信息管理、企业管理、生产管理、物流管理、财务管理、经济管理、工商管理、电子商务等专业的教材和教学参考书,也可作为从事企业管理、信息管理、企业信息化等高级管理人员的培训教材和参考用书。

  在本教材的编写过程中得到北京交通大学经管学院苟娟琼、常丹老师，中国人民大学信息学院李倩老师，湖北汽车工业学院科技学院陈永、宋萍萍老师，安徽商贸职业技术学院汪伟、王睿老师，中国地质大学人文经管学院安海忠、方伟老师，北京外国语大学国际商学院裴艳丽老师，武汉科技大学管理学院张志清、秦岭老师的大力支持和帮助，在此表示感谢。

  本系列教材和课程体系我们努力追求尽善尽美，但疏漏之处在所难免，殷切希望读者批评指正。

ERP 应用教程编委会

2020 年 11 月

目录

第1章 供应链主流程 ··· 1
1.1 供应链整体流程概述 ·· 1
1.2 企业供应链与易飞进销存模块对应表 ·························· 1
1.3 案例公司——成功集团供应链业务概述 ························ 4

第2章 存货管理子系统 ··· 10
2.1 系统简介 ·· 10
2.1.1 系统效益与特色 ·· 10
2.1.2 系统架构与关联 ·· 11
2.1.3 库存管理交易活动流程 ·································· 13
2.2 基础设置 ·· 13
2.2.1 设置编码原则(基本信息子系统) ························· 13
2.2.2 设置进销存参数(基本信息子系统) ······················· 15
2.2.3 录入品号类别 ·· 19
2.2.4 录入品号信息 ·· 19
2.2.5 设置库存单据性质 ······································ 21
2.3 日常业务流程 ·· 24
2.3.1 库存交易流程 ·· 24
2.3.2 库存调拨 ·· 27
2.3.3 借出/借出归还流程 ····································· 30
2.3.4 借入/借入归还流程 ····································· 38
2.3.5 库存盘点 ·· 45
2.3.6 存货月结 ·· 58
2.4 常用报表简介 ·· 61
2.4.1 库存明细账 ·· 61
2.4.2 库存明细表 ·· 63
2.4.3 库存交易统计表 ·· 65
2.5 期初开账 ·· 66

第3章 销售管理子系统 ... 70
3.1 系统简介 ... 70
3.1.1 系统效益与特色 ... 70
3.1.2 系统架构与关联 ... 71
3.1.3 一般企业销售循环流程 ... 73
3.2 基础设置 ... 74
3.2.1 设置编码原则 ... 74
3.2.2 录入客户信息 ... 75
3.2.3 录入品号信息（业务） ... 79
3.2.4 设置订单单据性质 ... 79
3.3 日常业务流程 ... 82
3.3.1 报价流程 ... 82
3.3.2 接单流程 ... 85
3.3.3 订单变更流程 ... 89
3.3.4 出货通知流程 ... 94
3.3.5 销货流程 ... 97
3.3.6 销货退回流程 ... 102
3.4 常用报表简介 ... 108
3.4.1 预计出货表 ... 108
3.4.2 客户销货明细表 ... 111
3.4.3 历史交易记录表 ... 111
3.5 期初开账 ... 114

第4章 采购管理子系统 ... 119
4.1 系统简介 ... 119
4.1.1 系统效益与特色 ... 119
4.1.2 系统架构与关联 ... 120
4.1.3 一般企业采购循环流程 ... 122
4.2 基础设置 ... 122
4.2.1 设置编码原则 ... 122
4.2.2 录入供应商信息 ... 123
4.2.3 录入品号信息（采购） ... 125

4.2.4　设置采购单据性质 ··· 127
4.3　日常业务流程 ·· 129
　　4.3.1　请购流程 ·· 129
　　4.3.2　采购流程 ·· 133
　　4.3.3　采购变更流程 ··· 138
　　4.3.4　进货/进货验收流程 ······································ 142
　　4.3.5　验退流程 ·· 146
　　4.3.6　进货退回流程 ··· 149
4.4　常用报表简介 ·· 153
　　4.4.1　请购单明细表 ··· 153
　　4.4.2　采购明细表 ··· 155
　　4.4.3　进货明细表 ··· 156
　　4.4.4　供应商供货明细表 ·· 156
　　4.4.5　预计进货表 ··· 159
4.5　期初开账 ··· 160

第1章 供应链主流程

1.1 供应链整体流程概述

供应链整体流程中涉及的销售、采购、存货系统的相关业务,应从企业实务运作的角度将其串联起来进行说明。客户有购买需求,向企业询价,企业报价给客户,客户对价格认可之后签署订单合同,并与企业确认销售商品、销售数量和预计出货时间等细节。此时如果库存足够,企业直接销货给客户,之后产生应收账款;如果库存不足,企业则需要自制或外购。

自制部分详见"生产制造管理应用篇",采购流程则需要由需求部门提出请购单,经采购部门询价、比价、议价后向供应商下采购订单,确认需购买的商品、数量和预计进货时间等细节,之后供应商进行送货,企业进行进货验收,企业产生应付账款。此时企业商品库存数量充足,最终销售出库给客户,并产生应收账款。整体流程如图1-1所示。

1.2 企业供应链与易飞进销存模块对应表

成功集团某产品"数码相机—SL系列",为买进卖出的商品,已销售一段时间,非新商品,有配合一段时间的供货商,具体如表1-1所示。

2 | ERP 供应链管理应用教程

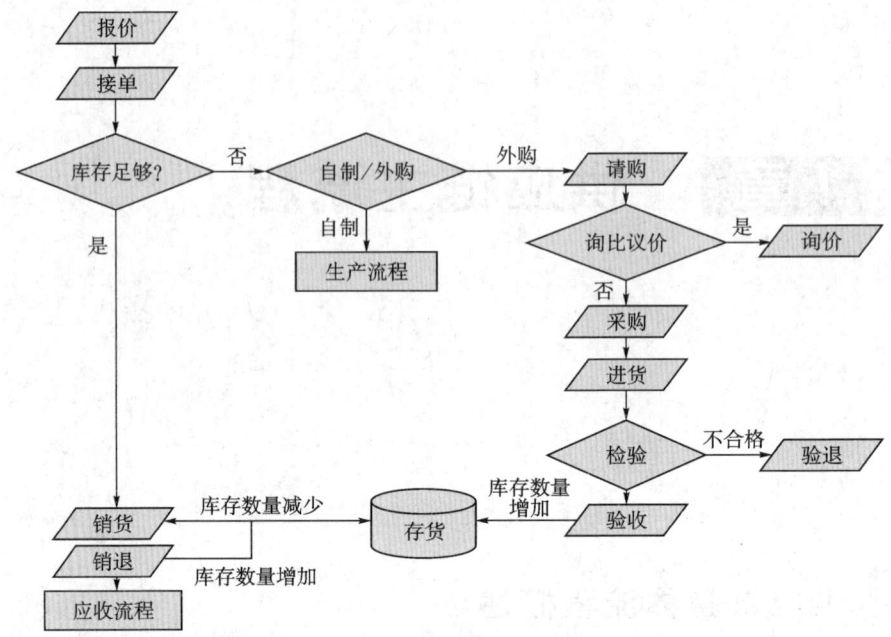

图 1-1 供应链整体流程图

表 1-1 企业运营流程与易飞系统对应表

企业运营流程		易飞系统	
流程	作业内涵	系统名称	作业名称
报价	客户前来询议价,公司业务单位对客户进行产品报价;建立客户产品价格记录	销售	录入报价单 打印报价单 录入客户商品价格
接单	客户下单,业务单位接单	销售	录入客户订单 打印客户订单 录入订单变更单 打印订单变更单 结束订单
库存足够? 自制/外购	若库存数量足够,可由库存直接出货		
请购	依客户下单货品或依照公司需要申请购买所需货品及数量等	销售	从订单自动转成采购单
		采购	录入请购单 打印请购单 维护请购信息

(续表)

企业运营流程		易飞系统	
流程	作业内涵	系统名称	作业名称
采购	依照客户下单货品或依需求单位提出的请购对供应厂商进行采买	销售	从订单自动转成采购单
		采购	从请购单生成采购单 录入采购单 打印采购单 录入采购变更单 打印采购变更单 结束采购单
进货	供应厂商送货至公司仓库，由仓库人员点收	采购	录入进货单 打印进货单
验收入库	质检人员进行验收	采购	进货单验收 退回验退件 打印验退件退回单
存货管理	货品入库/出库/结存管理	存货	录入库存交易单 打印库存交易单 录入调拨单 打印调拨单 录入成本开账/调整单 打印成本开账/调整单 录入借出/入单 打印借出/入单 录入借出/入归还单 打印录入借出/入归还单 库存盘点管理※ 存货月结流程※
(退货)	货品入库后退货给供货商	采购	录入退货单 打印退货单
出货	出货给客户	销售	录入出货通知单 打印出货通知单 录入销货单 打印销货单
(销退)	客户退货	销售	录入销退单 打印销退单
※库存盘点管理	定期存货盘存清点	存货	盘点流程
※存货月结流程	月份存货价值结算	存货	月结流程

1.3 案例公司——成功集团供应链业务概述

1. 产品信息

成功集团的数码相机产品有自行生产制造及买进卖出两大类型。其中,品号为"410001"的"数码相机—SX 系列"为自行生产制造,除了在上海一厂自制为成品外,制作过程中有一个半成品,品号为"320001"的"PCBA-Assembly Sensor"外包给委外供应商生产。品名为"910001"的"数码相机—SL 系列"为买进卖出商品,主要采购供应商是三星公司。

2. 系统刚上线时

成功集团计划于 2020 年 1 月 1 日正式上线易飞 ERP 系统,于是与供应链相关的存货、业务、采购部皆收到指示,需于 2019 年 12 月 31 日完成系统开账作业,且仓管部需先完成料件开账,业务及采购部方能开账。开账资料如表 1-2 所示。

表 1-2 开账资料

类 别	负责部门	开 账 资 料	导 入 系 统
存货类	仓管部 财会部	1. 料件数量 2. 存货金额	存货管理子系统
订单类	业务部	1. 未结束的客户订单 2. 客户商品价格	销售管理子系统
采购类	采购部	1. 未结束的采购单 2. 供应商料件价格	采购管理子系统

开账后的 2020 年 1 月 1 日,"数码相机—SX 系列""数码相机—SL 系列"及其用料于上海一厂各仓库的存放数量如表 1-3、表 1-4 所示。

表 1-3 库存资料(依数码相机—SX 系列的产品用量表排列)

品号	品名/规格	属性	存放仓库	数量	单位
410001	数码相机—SX 系列	自制件	S003 成品仓	250	ea
310001	PCBA-Assembly Main	自制件	S002 半成品仓	250	ea

（续表）

品号	品名/规格	属性	存放仓库	数量	单位
110001	主开关连动板	采购件	S001 原材料仓	200	pcs
110002	模式按钮	采购件	S001 原材料仓	200	pcs
110003	塑胶前盖	采购件	S001 原材料仓	100	pcs
110004	塑胶后盖	采购件	S001 原材料仓	100	pcs
130001	金属 Logo	采购件	S001 原材料仓	150	pcs
130002	镀镍螺丝	采购件	S001 原材料仓	150	pcs
140001	LCD 窗	采购件	S001 原材料仓	120	pcs
140002	显示窗	采购件	S001 原材料仓	120	pcs
140003	光学镜片	采购件	S001 原材料仓	100	pcs
140004	镜头玻璃	采购件	S001 原材料仓	100	pcs
320001	PCBA-Assembly Sensor	委外加工件	S002 半成品仓	50	ea
120001	电阻	采购件	S001 原材料仓	150	pcs
120002	整流器	采购件	S001 原材料仓	150	pcs
120003	二极管	采购件	S001 原材料仓	150	pcs
120004	电容	采购件	S001 原材料仓	150	pcs
120005	变压器	采购件	S001 原材料仓	150	pcs
120006	IC,CMOS	采购件	S001 原材料仓	130	pcs
130003	金属接片	采购件	S001 原材料仓	130	pcs
190001	PCB 电板	采购件	S001 原材料仓	130	pcs
200001	锡	采购件	S001 原材料仓	130	g
390001	相机包材组	虚设件	—	—	set
150001	包装盒	采购件	S001 原材料仓	100	pcs

(续表)

品号	品名/规格	属性	存放仓库	数量	单位
150002	内隔板	采购件	S001 原材料仓	100	pcs
150003	气泡袋	采购件	S001 原材料仓	100	pcs
150004	包装盒贴纸	采购件	S001 原材料仓	100	pcs
150005	产品序号贴纸	采购件	S001 原材料仓	100	pcs
150006	保修卡	采购件	S001 原材料仓	100	pcs
190004	电池-AA 可充式	采购件	S001 原材料仓	200	pcs
190007	驱动程序光盘-Ver1.0	采购件	S001 原材料仓	200	pcs
190009	防尘相机套-黑色	采购件	S001 原材料仓	50	pcs
190012	使用手册(简体中文)	采购件	S001 原材料仓	200	pcs

表1-4 "数码相机—SL系列"库存资料

品号	品名/规格	属性	存放仓库	数量	单位
910001	数码相机—SL 系列	采购件	S003 成品仓	70	ea

3. 系统上线后

仓管部负责所有料件的出/入库作业等工作;业务部负责报价、接单、销货等工作;采购部负责针对需求部门的请购进行询比议价、采购、进货等工作。

【例1-1】 仓管部忙碌的1月份。

仓管部赶在系统上线完成商品的库存开账作业后,开始处理商品的出/入库作业,除了一般的销货出库及原材料入库外,还有其他事务,具体如表1-5所示。

表1-5 仓管部具体事项

日期	业务	具体流程
2020.01.02	库存交易	研发部向仓管部领用5 pcs主开关连动板,作为开发新产品使用
2020.01.05	调拨	业务部预计销售的"相机器材—三脚架"因上海一厂的库存不足,所以从上海二厂调拨12个至上海一厂的成品仓备用

(续表)

日期	业务	具体流程
2020.01.12	借出	仓管部将成功集团产品 10 ea"数码相机—SX 系列"借货给客户尖峰公司,10 ea 借货给客户茂盛公司作为其展会样品,预计 1 月 19 日归还
2020.01.19	借出归还/借出转销货	仓管部接到业务部通知,即将收到客户尖峰公司如期归还的 10 ea"数码相机—SX 系列";另办理 10 ea"数码相机—SX 系列"出货给茂盛公司
2020.01.20	借入	仓管部接到两张入库单,是研发部请采购部分别向供应商冠军公司和达智科技借用原材料 20 pcs"镜头玻璃",且两家供应商都已经将货品送达成功集团,预计 27 日归还
2020.01.27	借入归还/借入转进货	仓管部接到采购部通知,准备备货归还向供应商冠军公司借用的 20 pcs"镜头玻璃";另办理向达智科技借用的 20 pcs"镜头玻璃"转进货收料事宜
2020.01.31	盘点	仓管部针对原材料仓进行了重要存货抽盘作业,同时协助财会人员进行 2020 年 1 月的存货成本计算及月结处理

【例 1-2】 业务部开发了一家新客户。

业务部主要工作是负责开发潜在客户、客户关系经营、客户的报价/接单/出货/账款催收等业务。2020 年 1 月 2 日,业务部开发了一家新客户标杆公司,经业务部主管审核后,给予客户编号 1002,标杆公司成为成功集团的正式客户,其向成功集团采购的流程如表 1-6 所示。

表 1-6　标杆公司采买流程

日期	业务	具体流程
2020.01.05	报价	标杆公司来电,提出想要购买 100 ea"数码相机—SX 系列"的需求,请业务部报价
2020.01.07	接单	标杆公司向业务部下采购单,购买 100 ea"数码相机—SX 系列",相机单价为每 ea 6 000 元,预交货日为 2020 年 1 月 14 日;业务部与仓管部确认存货数量是否足够,仓管部答复存货量可供出货

(续表)

日期	业务	具体流程
2020.01.09	订单变更	标杆公司又来电,表示1月7日的订单要追加购买50 ea"数码相机—SX系列",同时加订20 ea"数码相机—SL系列",其单价为每ea 5 000元; 业务部再次与仓管部确认存货数量是否充足,仓管部答复存货量可供出货,接着业务部进行订单变更作业,修改1月7日的订单内容
2020.01.14	出货通知/出货	按照与客户约定时间,准备销货给标杆公司,业务部先录入"出货通知单"通知仓库人员备货。仓库人员依照出货通知单出货150 ea"数码相机—SX系列"及20 ea"数码相机—SL系列"
2020.01.16	销货退回	标杆公司通知业务部有2 ea"数码相机—SX系列"有瑕疵,即将退回,并请再补货2 ea

【例1-3】 采购部收到一张来自业务部的请购单。

客户第一公司向业务部下采购单,购买100 ea"数码相机—SL系列",相机单价为每ea 5 000元,预交货日为2020年1月17日。

业务部与仓管部确认存货数量是否足够,仓管部答复"数码相机—SL系列"目前只有50 ea安全存量,无存货可供出货,其采购流程如表1-7所示。

表1-7 采购部采买流程

日期	业务	具体流程
2020.01.10	请购	因"数码相机—SL系列"为买进卖出商品,故业务部根据采购流程,需先提出请购单,请购商品为100 ea"数码相机—SL系列",需求日为2020年1月17日
2020.01.10	采购	采购部收到业务部的请购需求,针对该请购单进行审核,并输入此次的供应商为三星公司,相机单价为每ea 4 000元,交货日为2020年1月13日。接着生成正式采购单,打印采购单凭证向三星公司采购
2020.01.11	采购变更	三星公司来电采购部,表示1月10日的采购单订购数量因生产不及,需延后至1月14日出货。采购部评估后进行采购变更作业,修改1月10日的采购单内容

(续表)

日期	业务	具体流程
2020.01.14	进货/进货验收/验退	三星公司依照约定交货日送交 100 ea"数码相机—SL 系列",由仓管人员收货后放置验收区,并通知质检部进行检验。检验结果为 98 ea 合格,2 ea 有瑕疵,准备退回给三星公司,并请三星公司再补货 2 ea
2020.01.30	进货退回	仓管部收到上海一厂一车间的通知,其在生产过程中发现原材料"镜头玻璃"有瑕庇的数量为 5 pcs,经过追踪,查出这批是 1 月 27 日向达智科技进货的原材料,经采购部与供应商协商同意后,将这 5 pcs 不良品退回给供应商

【课后习题】

1. 2020 年 1 月 1 日正式上线易飞 ERP 系统,请简述在上线前期需要做哪些准备。

2. 2019 年 12 月 31 日前需要完成开账作业,请简述开账的注意点。

第 2 章 存货管理子系统

2.1 系统简介

2.1.1 系统效益与特色

存货管理可以帮助企业在适合的时机,提供合理的物品及数量,避免出现因停工待料而延误交货的困境,同时也可避免因库存数量过多,而导致资金积压、周转困难、增加利息等管理成本增加的负担。除此之外,存货管理的基本工作,还要记载及保留出、入库的交易资料,从而实时提供各种相关报表,以供管理者了解库存的状况,后续才能作出正确的采购或存货处理等决策。

存货管理子系统的系统特色如下:

(1) 易飞的"存货管理子系统"主要用于管理库存的数量及金额,记录日常库存交易的数据,并提供各项料件实时的交易以及存货量的查询,使管理者可以快速掌握库存状况。

(2) 系统提供了各类账务性的报表供参考使用,如库存明细表、进耗存统计表等,以此来取代繁琐的人工账簿,同时也提高了存货管理的效率及正确性。除了账务性的报表外,本系统也提供了各种管理性报表,如库存 ABC 分析表、周转率分析表等,作为协助管理者制订物料管理政策的重要参考依据。

(3) 系统提供各料件批号管理及项目管理的功能,使管理者可以轻松地掌握料件批号的进出状况,更符合对各项料件追踪管理的需求。

(4) 循环盘点及定期盘点是必不可少的功能,管理员可以利用盘点功能,来检核库存账务与实际库存量之间的差异，同时也可以作为仓管人员绩效的参考。

（5）对于各项料件，本系统同时提供 4 种不同的料件分类方式，以符合公司内不同职能管理部门对同一料件有不同分类的管理方式及账务需求。

（6）系统提供多个工厂、多个仓库的库存账务处理，以符合多厂区、多营业点、不同账务的管理需求。

（7）系统可以处理工厂内外仓库与仓库之间的调拨作业，对于在途料件的账务与调拨处理，可以配合实际的管理，真正符合权责分明的要求。

（8）系统提供每月存货计价与存货结转的作业，可以提供正确的库存成本金额及各项交易金额，方便财务人员录入相关账簿。

2.1.2 系统架构与关联

系统架构与关联图如图 2-1 和图 2-2 所示。

图 2-1 系统架构

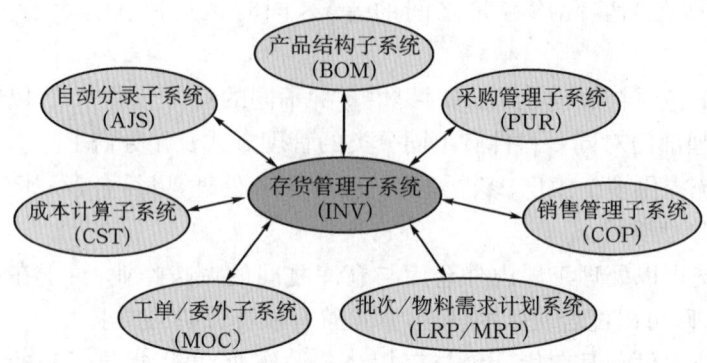

图 2-2　存货管理子系统与其他系统的关联图

1. 采购管理子系统

影响库存数量的单据是进货单和退货单。进货单审核时,库存的数量会增加;退货单审核时,库存的数量就会减少。

2. 销售管理子系统

影响库存数量的单据是销货单及销退单,销货单审核会减少库存数量,销退单审核时则会增加库存的数量。

3. 产品结构子系统

影响库存数量的单据是组合单和拆解单。当组合单审核时,成品的库存数量增加,被领用的品号库存数量减少;当拆解单审核时,成品的库存数量减少,而拆解后的品号则会入到仓库里,造成库存数量的增加。

4. 工单/委外子系统

增加库存数量的单据有"退料单""委外进货单"及"生产入库单",减少库存数量的单据有"领料单"及"委外退货单"。

5. 批次及物料需求计划系统

库存资料是生产计划可用量展算的来源,并且在品号信息中设置的部分字段,是生产计划时推算需求数量及时间的来源。

6. 成本计算子系统

将"成本计算子系统"中计算完成的产成品及半成品的单位成本回写更新到"存货管理子系统",以维护库存成本的正确性。

7. 自动分录子系统

存货管理子系统中的某些单据,如费用性的入库单、出库单或调整单,可以通过"自动分录子系统",自动在"会计总账子系统"产生相应的会计凭证,这样就可以节省使用者输入会计凭证的时间。

2.1.3 库存管理交易活动流程

库存管理交易活动流程图如图 2-3 所示。

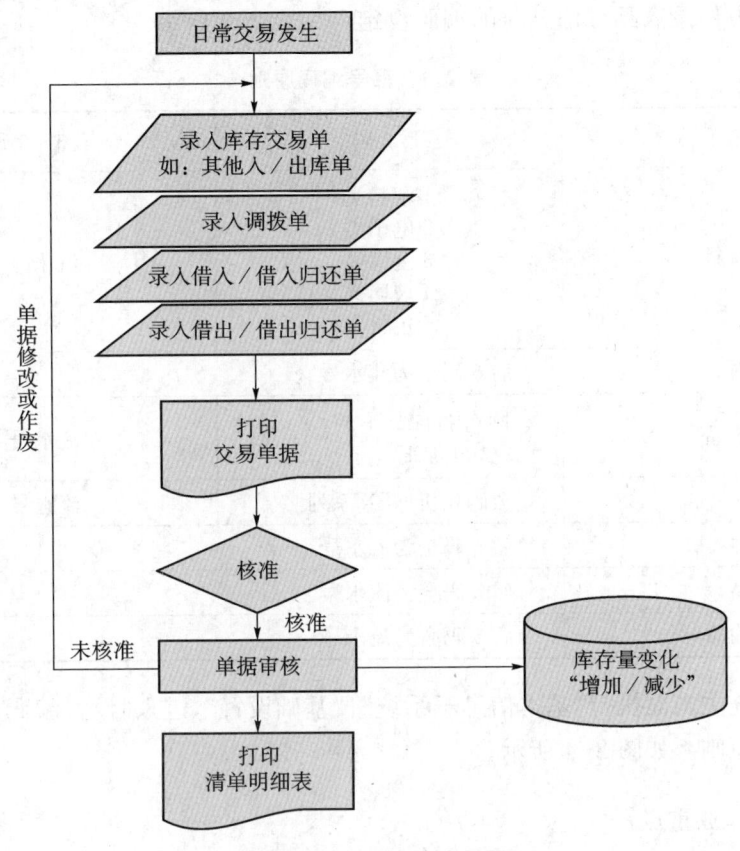

图 2-3 交易活动流程图

2.2 基础设置

2.2.1 设置编码原则(基本信息子系统)

编码是将物料按其分类内容加以有次序的编排,用简明的文字、符号或数字,以代表物料的名称、规范及其他有关事宜的一种制度;尤其计算机化的信息处理更需借助编码统一管理物料以达事半功倍的效果。

【业务场景】

成功集团针对品号编码有以下编码原则,可将此编码规则设定在"设置编码原则"中,以方便录入品号信息时的编码设定。如表2-1所示。

表2-1 品号编码原则

第1码	第2码	第3~6码
1 原材料	1 塑料类 2 电子类 3 金属类 4 玻璃类 5 包材类	流水号
2 物料	后5码全为流水号	
3 半成品	1 厂内自制 2 委外加工	流水号
4 成品	数码相机—SX 系列	流水号
5 附件	后5码全为流水号	
6 商品	后5码全为流水号	
9 外购品	后5码全为流水号	

从系统主画面执行"基本信息子系统"|"基础设置",进入"设置编码原则"新增品号编码原则。如图2-4所示。

【作业重点】

品号编码的原则如下:

(1) 应具备唯一性,原则为一个品号一个编号。

(2) 变动属性不可纳入,不建议把供应商纳入品号编码。

(3) 应具备弹性、可扩充性,避免未来无法新增品号编号。

(4) 应反映顺序,编号应有大小顺序,可让计算机发挥排序功能提高数据报表的阅读性及搜寻性。

(5) 编码愈短愈好,8~12码为较易记忆。

(6) 不可用特殊符号,避免使用"."、"/"、"?"、" "、"#"、"@"等符号。

(7) 避免英文字母或数字混杂,以免英文字母与数字读音混淆,或输入时键盘

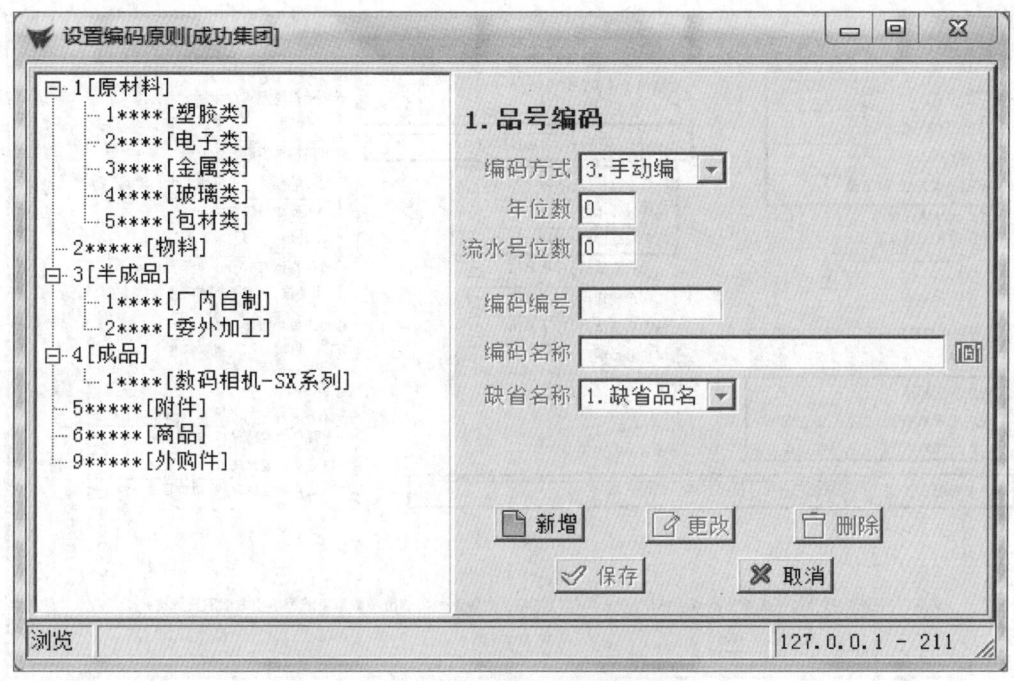

图2-4 "设置编码原则"界面

切换的困扰。

品号编码原则适用性可视产业性质不同进行调整。

2.2.2 设置进销存参数(基本信息子系统)

通过参数设定,使系统的管控点更符合公司现行制度。

【业务场景】

成功集团在2020年1月1日正式上线"存货管理子系统",而存货的成本计价方式采用实际成本制的月加权平均成本制。从系统主界面执行"基本信息子系统"|"基础设置"进入"设置共用参数"作业,然后切换到"设置进销存参数"页签。如图2-5所示。

【作业重点】

(1)商品分类:因为每一种职能管理品号的角度不同,可按不同的职能设定不同的分类。后续相关存货统计报表可按商品分类作汇总管理。

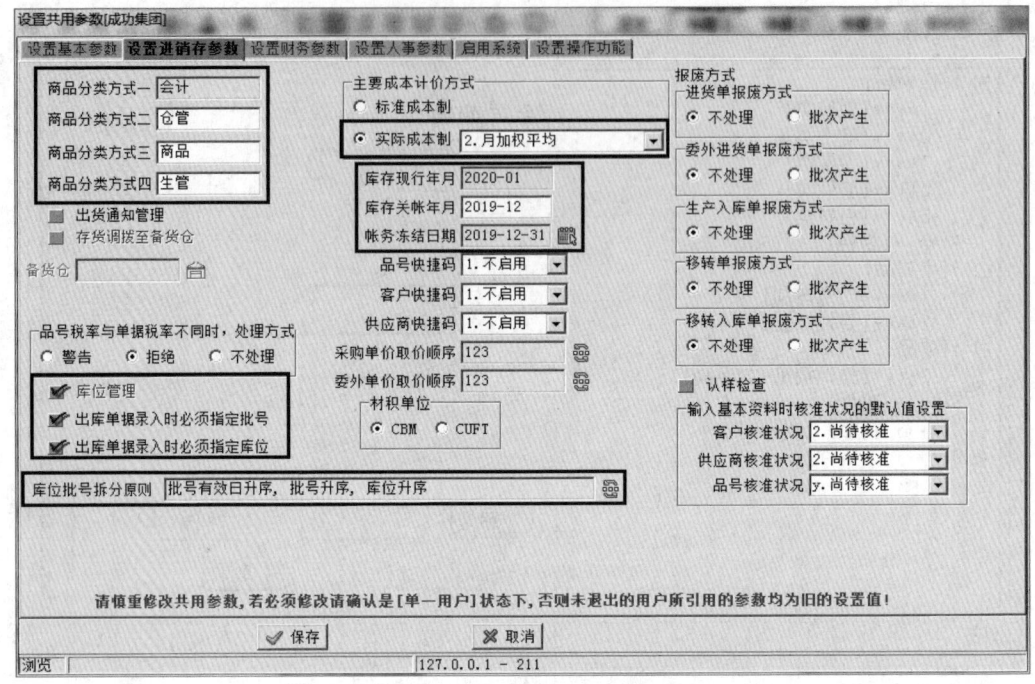

图 2-5 "设置共用参数"界面

(2) 库位管理：企业进行库位的管理可以很清楚地从单据中找到物品所在的存储位置。启动了库位管理，还可选择出库单据录入时是否必须指定批号或库位。作库位及批号管理，在销货或领料时，若该批商品要出货的批号库存不足，则可根据拆分原则进行批号库存量的拆分处理。例如，有一张销货单出货数量为 200 个，其中批号 001 存量有 100 个，批号 002 有 200 个，优先从批号 001 出 100 个，再从批号 002 中出 100 个。

(3) 主要成本计价方式：它用于决定进货料件、库存成本结存的计算方式，对整个系统而言非常重要，一旦设定后不要随意更改。更改计价方式应咨询公司会计师，根据实际需求再作决定。

成本计价方式分为标准成本制和实际成本制。实际成本制又可以分为月加权平均成本制、先进先出成本制和分批认定成本制。

① 标准成本制。标准成本制是所有存货价值都以一定的金额来认定，且所有入出库单据皆以此成本计价的计价方式。

【例 2-1】 某个料件的设定标准成本价格为 5 元/件，当存货有 200 件时，其存货价值就是 1 000 元。后又进货该货品 100 件，供应商特惠价为 4.5 元/件，此时因为存货计价方式是标准成本制,因此这 100 件的总价值为 100×5=500(元),无关进货价格的高低。若发生销货,则出库 5 元就是销货单的价值。具体如表 2-2 所示。

表 2-2　标准成本制案例

金额单位:元

实际交易明细					库存金额			
日期	交易	数量(件)	单价/成本	交易金额	标准成本单价	数量(件)	金额	库存金额
1月31日	期末	—	—	—	5	200	1 000	1 000
2月1日	进货	100	4.5	450	5	100	500	1 500
2月10日	销货	50	10	500	5	50	−250	1 250
2月12日	进货	100	6	600	5	100	500	1 750
2月28日	销货	40	11	440	5	40	−200	1 550

② 月加权平均成本制。所有商品的出库总成本以该月的"平均单位存货成本×出库数量"计算。因此当该月进货单价较高时,该月平均出库单价就会比较高;当进货单价较低时,该月平均出库单价就比较低。虽处理上略复杂,但是此方式较能反映实际销货成本。其计算公式如下:

$$加权平均成本 = \frac{月初存货金额 + 本期进货净额}{月初存货数量 + 本期进货净量}$$

③ 先进先出成本制。先进先出成本制就是根据存货入库成本时间的早晚来确定发货时存货的成本。每一批存货的进货单价都按序记录,出库时选货的原则是先选早入库的,再选晚入库的。出库的成本就按照对应的进货成本来计算。

【例 2-2】　某一商品 2 月共有 3 笔进货交易和 1 笔销货交易,如表 2-3 所示。

表 2-3　先进先出成本制案例

金额单位:元

实际交易明细				
日期	交易	数量(件)	单价/成本	交易金额
2月1日	进货	3	100	300
2月10日	进货	5	100	500
2月12日	进货	10	20	200
2月28日	销货	12	200	2 400

执行成本计价后,依入库时间早晚选货,选出销货数量为12件。其成本计算如下:

$$\frac{(3\times100)+(5\times100)+(4\times20)}{(3+5+4)}=73.33(元)$$

④ 分批认定成本制。分批认定成本制就是指商品在出库的时候先确定它销货的批号,然后去看这个商品这个批号的进货成本是多少,得到的这个批号的进货成本就是该商品这次的销货成本。

【例2-3】 某一商品2月份共有3笔进货交易和1笔销货交易,而销货的批号是T002。从表中可得知该批号产品于2月10日的进货成本为100元,如表2-4所示。

表2-4 分批认定成本制案例

金额单位:元

实际交易明细					
日期	交易	数量(件)	单价/成本	交易金额	批号
2月1日	进货	3	100	300	T001
2月10日	进货	5	100	500	T002
2月12日	进货	10	20	200	T003
2月28日	销货	2	200	400	T002

(4) 库存现行年月、库存关账年月、账务冻结日期与成本会计人员结算成本账有非常密切的关系。

① 库存现行年月为结算库存成本的年月,期初开账时需手动输入,后续则交由系统自动结转。

② 库存关账年月为避免人员因疏忽而进行资料修改或重计,以致资料与原先所呈出的报表不同而需设定。一般在会计师查完账后执行。

③ 账务冻结日期为在现行年月内,避免某日期内的数据被更动,而执行的暂时冻结工作。

其日期具体关系如图2-6所示。

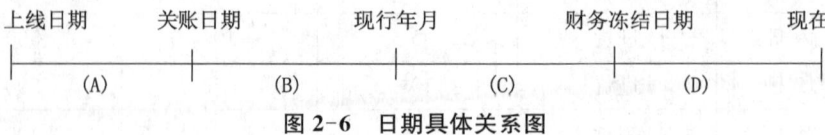

图2-6 日期具体关系图

（A）表示库存交易资料不可以进行变动和修改。例如，经会计师审查交易凭证确定后，将不可修改。

（B）可执行"重计现有库存"（关账年月＜开始重计年月≤现行年月）。

（C）表示所有单据不可以"撤销审核"与"审核"，但可新增、修改、删除"未审核"单据。

（D）可作库存交易单据的新增与修改。

2.2.3 录入品号类别

在"设置进销存参数"中已针对商品分类方式作了设定，并在"录入品号类别"中针对每一种方式设定了其分类的内容。从系统主画面执行"存货管理子系统"|"基础设置"，进入"录入品号类别"作业。如以会计角度所作的品号类别可分为原材料、包装物、低值易耗品、半成品、库存商品等。具体如图2-7所示。

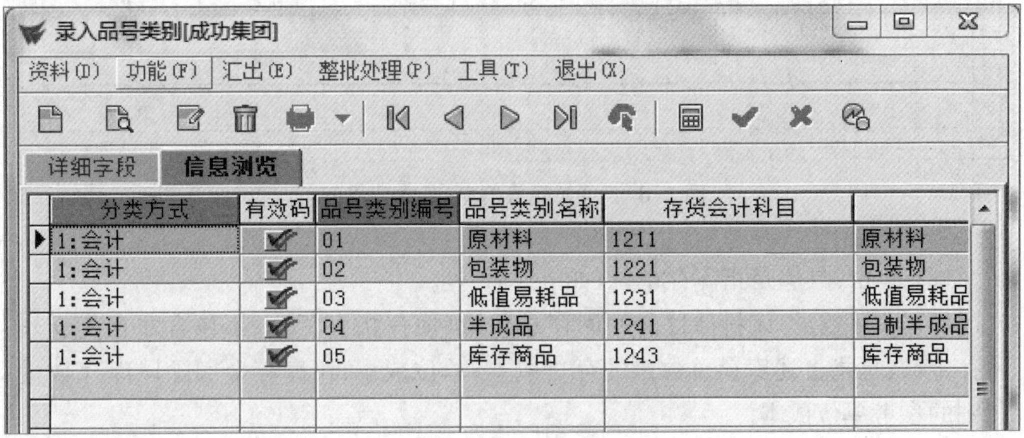

图 2-7 "录入品号类别"界面

2.2.4 录入品号信息

需要记录的商品，都会给予一笔品号基本信息，后续在录入交易单据时，就可以一并带出录入好的信息，提高资料录入的效率。如图2-8所示。

【作业重点】

（1）品号：每个料件均会设定一个品号；品名，输入该料件的名称，如数码相机-SX系列等；规格，可以输入该料件产品属性的描述，如500万像素、256MB等。

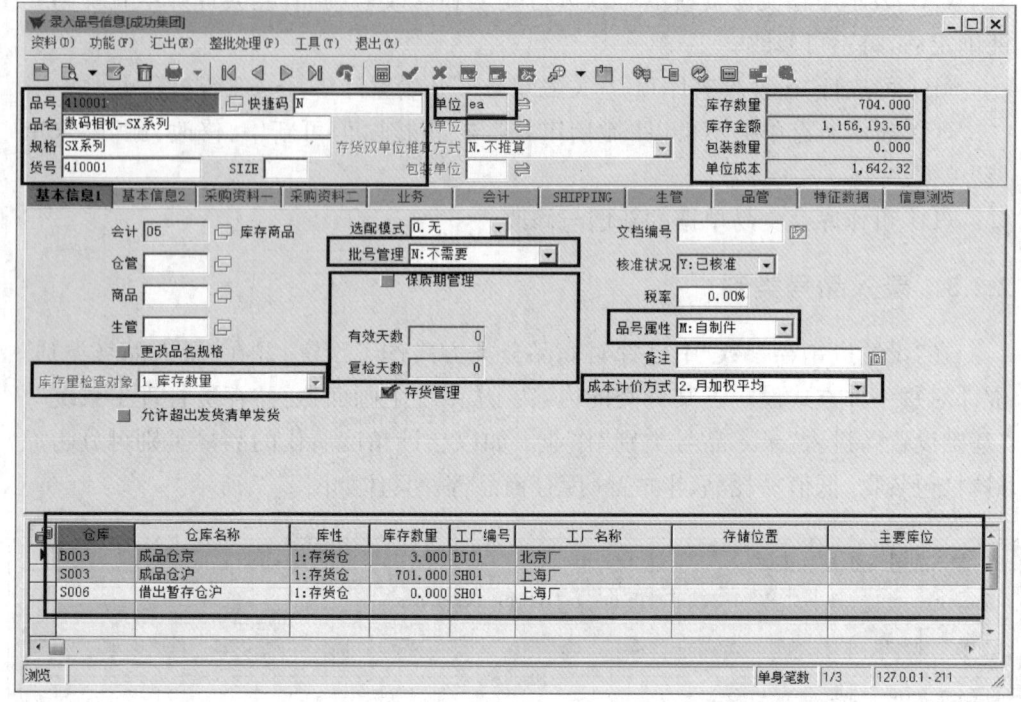

图 2-8 "录入品号信息(基本)"界面

（2）单位：具体是指库存单位，如 pcs、ea 等。

（3）库存数量：该料件目前的库存总数量（但仅指存货仓，不包含非存货仓）；库存金额：是指上述库存总数量的存货成本；单位成本：用库存金额除以库存数量得到的参考单位成本。

（4）库存量检查对象：库存存量的判断对象，当"设置共用参数"中的"数量表达方式"为"存货双单位"的时候，此字段为可选项。可选择的内容包含了"库存数量""库存包装数量"及"库存数量和库存包装数量"。后续的交易单据会按照这里的设置来判断库存量是否充足。

（5）批号管理：料件进货时因质量或来源因素，需针对该批进货资料进行识别及管理，管制其自入库、领用、不良品管理以及出货等交易轨迹。批号管理可按照严谨程度设定，有 4 种设定模式，即 N——不需要、W——仅需警告、Y——需要不检查库存量、T——需要且检查库存量。

① 在交易单据上的控管：如果在"录入品号信息"中设定了该商品必须进行批号管理，那么此商品在输入库存交易单据时（库存交易单、成本开账/调整单、进货

单、退货单、销货单、销退单、生产入库单、领料单、委外进货单、委外退货单、移转单)均需定义交易的批号。

② 库存数量的查询:凡进行批号管理的商品在进行交易单据出库时,可于数量字段处开窗查询到各批号的结余数量。

(6) 保质期管理/有效天数/复检天数:品号有时效性时,如牛奶、糖、面粉等,可勾选此选项来控管存货的先进先出,并输入"有效天数、复检天数"字段。有效天数为从进货或入库当日到失效的天数。但只有当批号管理选项没有选择"N——不需要"的时候,才可以勾选"保质期管理"。

(7) 品号属性:此字段用于定义品号的材料类型,即自制件、委外加工件或者是一般采购件。

品号属性区分如下:
① P——采购件:一般是指不需加工的原料,经采购进货即可取得。
② M——自制件:必须经过自行制造生产过程才能完成的成品或半成品。
③ S——委外加工件:一般是指需经过委外供应商加工完成的成品或半成品。
④ Y——虚设件:虚设件是为简化 BOM 结构,提高 BOM 管理效率而产生的。
⑤ C——配置件:有选配的作用,用来归集相同特性品号,是为构建 BOM 而虚拟化的品号。

(8) 成本计价方式:用于设定单个品号的成本计价方式。当成本计价方式为"实际成本制"时,此字段为可选项,可选择的内容包含了"月加权平均""先进先出"以及"分批认定"。

(9) 单身会显示该品号存放在各个仓库的数量、工厂、最近入出仓库的日期等信息。如图 2-9 所示。

(10) 主要仓库:指料件所存放的主要仓库,系统中所有的库存相关交易单据(销货单、进货单、领料单、生产入库单、库存交易单等)将默认选择此处设置的仓库。

(11) 循环盘点码:盘点时的群组码,可针对某些特定商品进行循环盘点码的规划。

(12) ABC 等级:存货耗用 ABC 等级,可由人工自行定义或是系统上线后由"库存 ABC 分析表"来更新。

2.2.5 设置库存单据性质

设置"存货管理子系统"所使用的交易单据及其编码方式、性质、签核格式等。日后交易单据上使用到该单别时,系统会默认抓取单据性质里的相关设定。如图 2-10 所示。

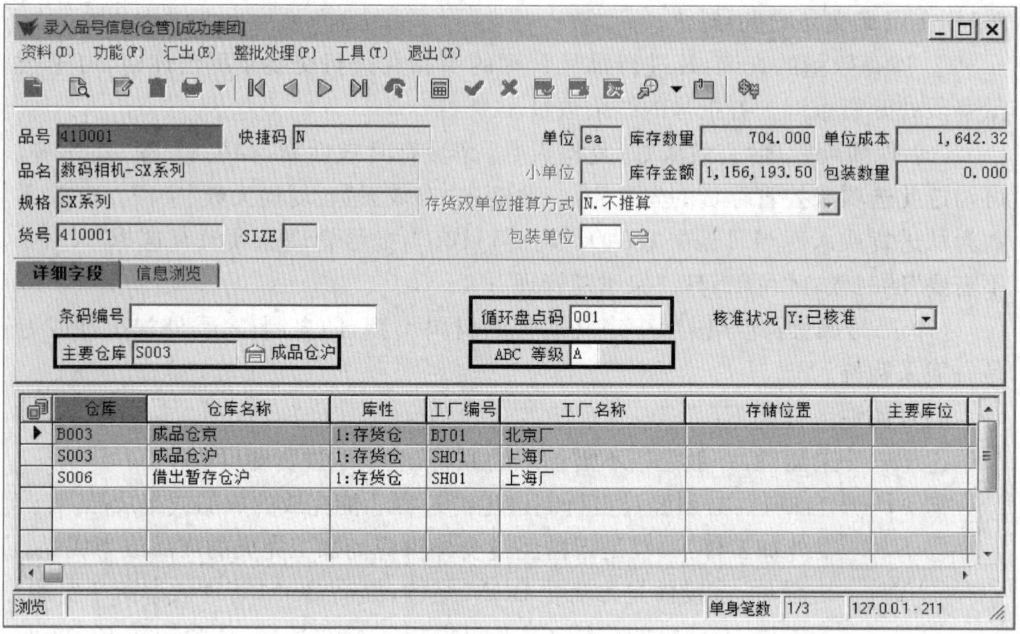

图 2-9 "录入品号信息(仓管)"界面

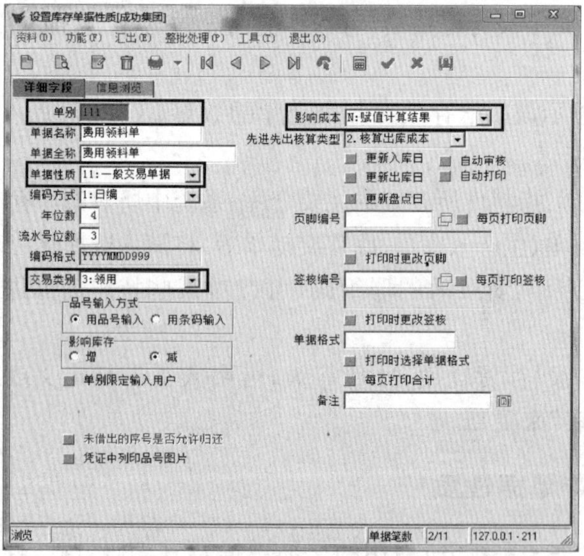

图 2-10 "设置库存单据性质"界面

【作业重点】

(1) 单别:一种单据需设置一个单别编码。
(2) 单据性质:根据交易类型共可设定 9 种单据性质,如表 2-5 所示。

表 2-5　库存单据性质

单 据 性 质	更新入库日	更新出库日	更新盘点日
11:一般交易单据	V	V	V
12:库存调拨单据	V	V	
13:借出调拨单据	V	V	
14:借入暂收单据	V	V	
15:借出归还单据	V	V	
16:借入归还单据	V	V	
17:成本开账/调整单据	V	V	
18:报废单据	V	V	
19:销毁单据	V	V	

注:V 表示可按公司管理需求进行个别设定。

其中,一般交易单据,用于非生产性质的入/出库及调整单据,如部门领料、数量调整单、盘盈损单等;库存调拨单据,常用于仓库与仓库之间数量移转时使用;借出调拨单据,借出料件时使用的单据;借入暂收单据,借入料件时使用的单据;借出归还单据,料件借出后,对方归还时使用的单据;借入归还单据,料件借入后要归还对方时所使用的单据;成本开账/调整单据,是指成本开账或成本调整时使用的单据;报废单据,常用于不良品仓库与正常仓库之间数量移转时使用;销毁单据,记录报废仓中的料件已进行销毁处理。

(3) 交易类别:分为入库、销货、领用、调拨、调整,一经设定请不要随意修改,因品号交易的数量及金额在单据审核时,会根据此类别自动归类,此归类将影响"进耗存统计表"的统计。

(4) 影响成本:此字段的设定会直接影响"月加权平均单价"的计算结果。"存货管理子系统"中的各单据就在此处设定"影响成本码"。其他子系统中与库存成本有关的单据由系统自动设定"影响成本码"。例如,"工单/委外子系统"的生产入库、委外进货、委外退货、领退料;"采购管理子系统"的进货单、退货单;销售管理子系统的销货单及销退单。月加权平均单位成本的计算公式如下:

$$月加权平均单位成本 = \frac{期初金额+本期进货净额+影响成本码为Y的单据金额}{期初数量+本期进货净量+影响成本码为Y的单据数量}$$

① 成本计算来源"Y":计算当月月加权平均单位成本的数据来源。

此类单据有"采购管理子系统"的进/退货单;"工单/委外管理子系统"的生产入库单、委外进/退货单;"存货管理子系统"自行定义为Y的单据,如录入成本开账/调整单。

② 赋值计算结果"N":单据的存货成本为品号该月的单位成本,也就是说该成本金额是被赋予的,不会影响当月月加权平均单位成本。

此类单据有"销售管理子系统"的销货/销退单;"工单/委外管理子系统"的领/退料单;"存货管理子系统"自行定义为N的单据,如盘盈损单。

③ 成本调整"y":仅针对库存金额调整,不会被纳入月加权平均成本计算,也不被计算出来的单位成本所影响。

此类单据有"存货管理子系统"的成本调整单(只调成本不调数量)。

2.3 日常业务流程

2.3.1 库存交易流程

【目的】

除采购进货、退货、营业销售、销退、厂内生产的领退料、生产入库、委外加工的领退料、委外进退货之外,其他与库存相关的库存交易进出(如盘盈亏单、其他入库单、其他出库单、报废单等),都可在本作业进行录入。

【业务场景】

成功集团的研发部人员陈登山因为研发数码相机新产品,需要领用5 pcs主开关连动板作为开发新产品使用,于是他要使用"录入库存交易单"的费用领料单来向仓管部领取5 pcs主开关连动板。

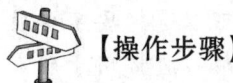【操作步骤】

步骤一:从系统主界面执行"存货管理子系统"|"录入库存交易单"作业,进入"录入库存交易单"开始新增单据内容。如图 2-11 所示。

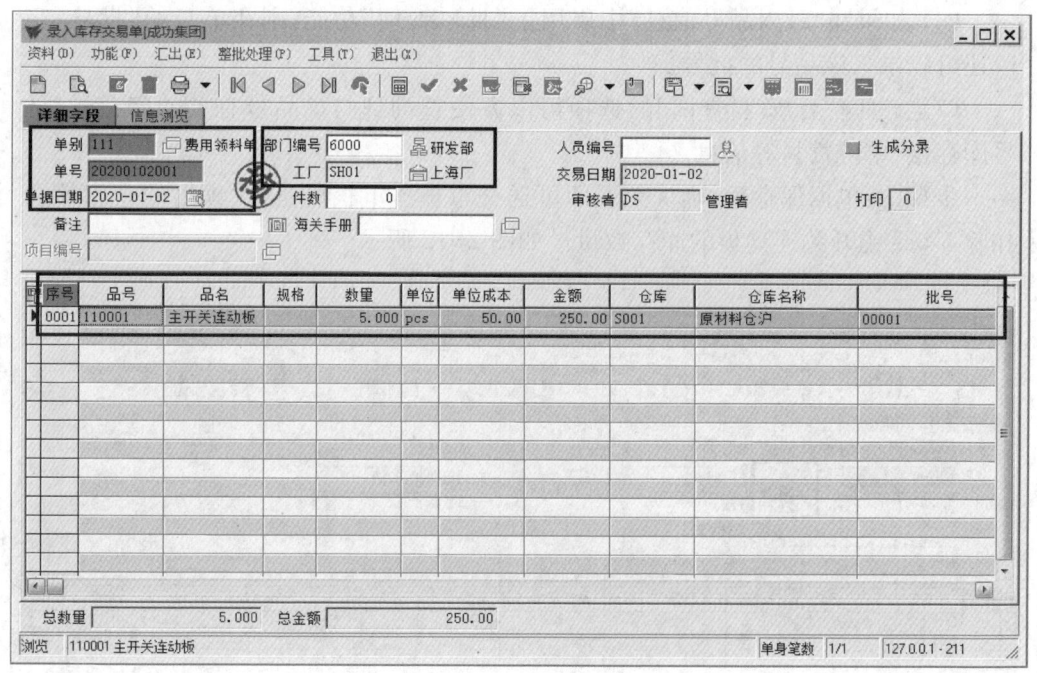

图 2-11 "录入库存交易单"界面

【作业重点】

(1) 可直接输入"单别"或 F2 键开窗查询,选好单别后,系统按照单据性质中的设置自动带出单号。系统默认单据日期为当前日期。

(2) 部门编号:输入交易部门代号。

(3) 工厂:品号库存量是分厂分库管理的,所以需输入"工厂"。

(4) 输入"品号",系统带出"品名及规格"。品号输入的辅助功能有 3 种:F2 键品号信息查询、F3 键整套组件展开和 F4 键按工单展料。

注:F3 键整套组件展开是利用建立的产品结构表(Bill of Material,BOM)为基础,将某一个成品要使用的整套材料自动展出。F3 键开窗后,可以设定要展出

哪一个 BOM 日期、哪一个主件品号下所需的用料及其数量；也可以选择要不要展算用料的损耗率；展算方式如何；从哪一个仓库转到哪一个仓库；一般常用于研发单位，新产品试产时的领料使用。

（5）输入领料的数量、单位、领出仓库。若想查看目前该品号的库存数量，可F2 键查询。

（6）如果在"录入品号信息"中启用了"批号管理"功能，则在单身的"批号"字段还可以录入该品号的批号。

（7）工具栏上"资料查询"的选项可以方便查询到与该品号有关的库存量、批号库存量、单价资料等信息。

步骤二：单据保存后，确认无误即可送交审核。审核后，这次领出的仓库就会扣除 5 pcs 主开关连动板的库存数量。如图 2-12 所示。

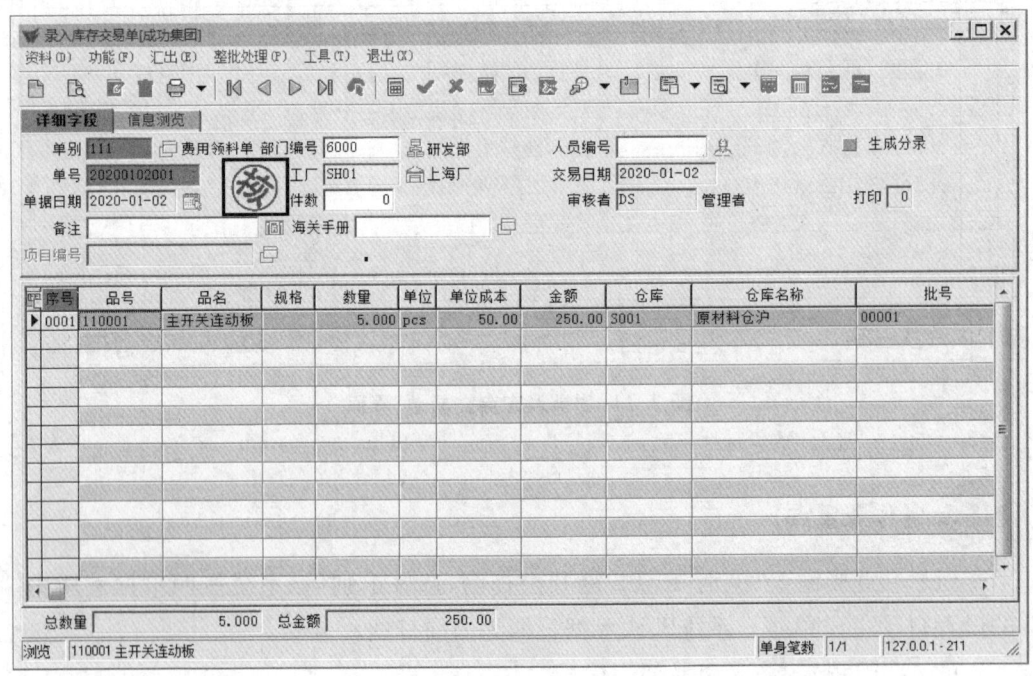

图 2-12 "录入库存交易单"界面

【作业流程复习】

作业流程复习如图 2-13 所示。

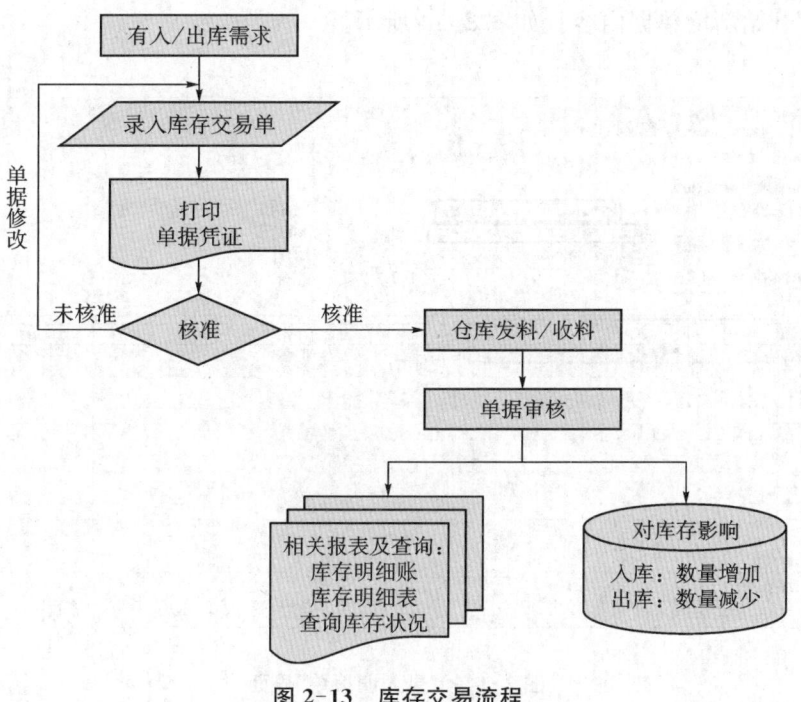

图 2-13 库存交易流程

2.3.2 库存调拨

【目的】

因供应链仓库配货需求,库存调拨可于本作业录入某品号在两个同性质仓库之间的移转挪动,如由原料仓转至现场仓,或者由原料仓调拨至委外供应商的委外仓等状况。

【业务场景】

业务部张明达近日预计销售相机器材—三脚架(品号为150007),但目前上海一厂的成品仓库存只剩3个,而上海二厂的成品仓尚有库存,于是1月5日,业务部填写转拨单据,由仓管部将12个三脚架调拨至上海一厂的成品仓,以待后续出货备用。

【操作步骤】

步骤一:从系统主界面执行"存货管理子系统"|"录入调拨单"作业,进入"录入

调拨单"开始新增单据内容。如图 2-14 所示。

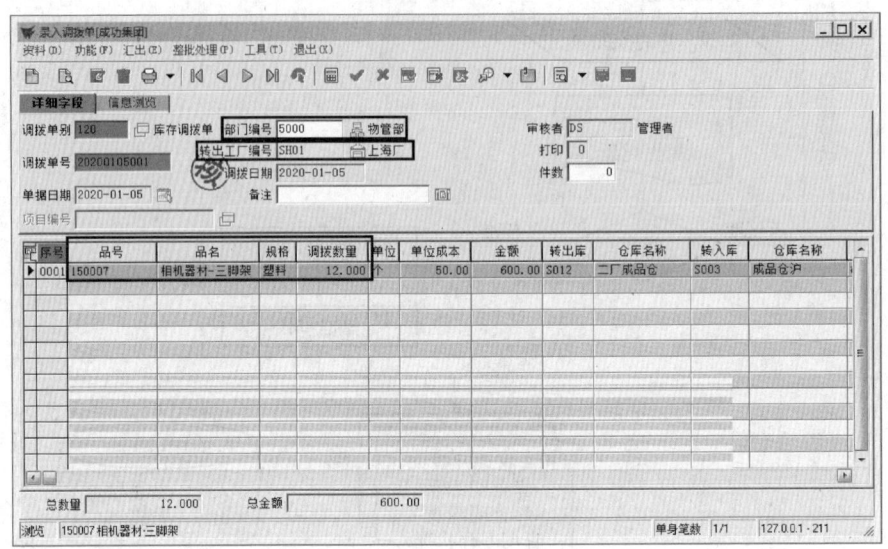

图 2-14 "录入调拨单"界面

【作业重点】

(1) 部门编号:输入调拨的部门编号。

(2) 转出工厂编号:需输入料件是由哪一个厂所转出的。本业务场景由上海厂转出。

(3) 单身输入调拨的品号、数量及单位。品号输入的辅助功能有 4 种:F2 键品号信息查询、F3 键整套组件展开、F4 键按工单展料、F11 键品号属性查询。

(4) 调拨动作可以调拨不同工厂各仓库间的货品,但是"转出库"一定要是单头所输入的"转出工厂"的仓库。

注:相同库性(存货/非存货仓)的仓库之间才可以调拨。

步骤二:输入完毕后,经审查无误,进行审核。由于该品号数量是一进一出,所以总数量并没有增加或减少,调拨前后存货价值也不变。如图 2-15 所示。

【作业流程复习】

作业复习流程如图 2-16 所示。

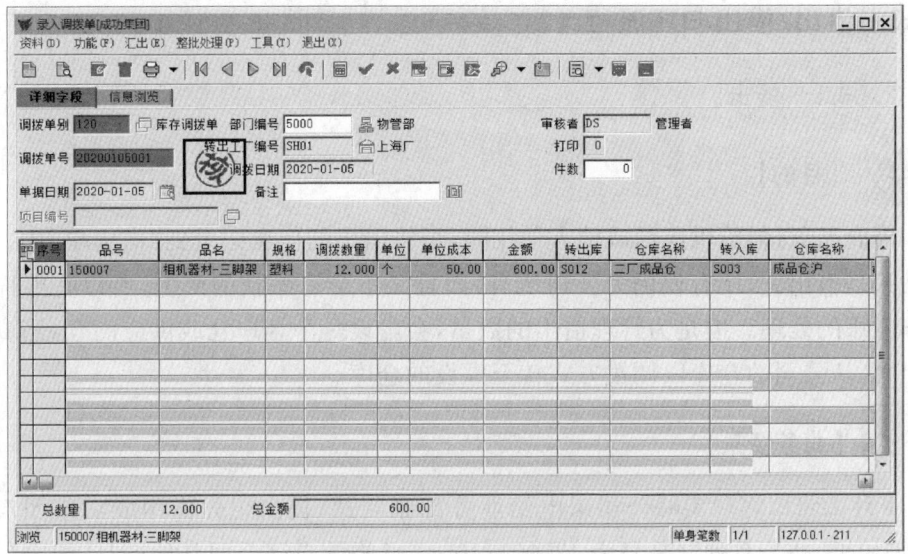

图 2-15 "录入调拨单"界面

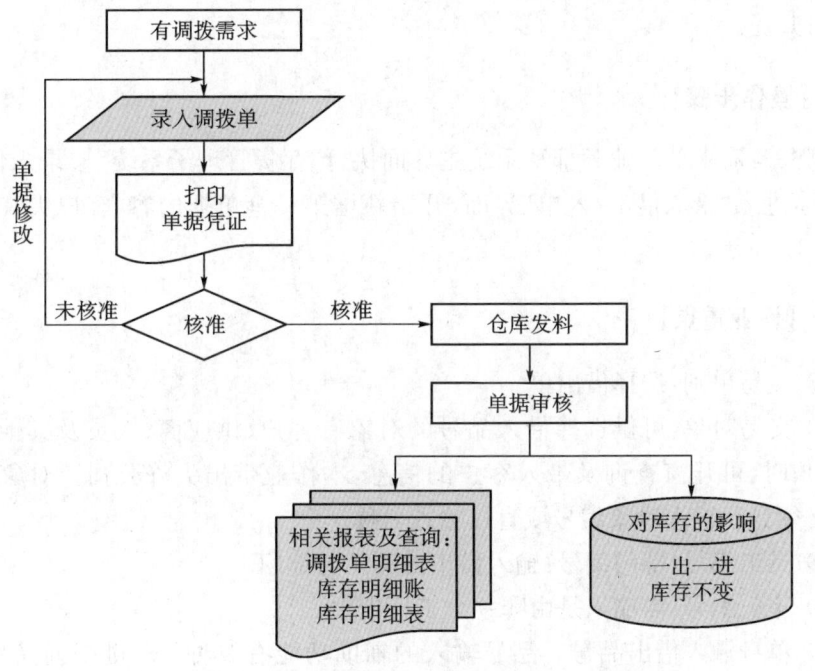

图 2-16 库存调拨流程

2.3.3 借出/借出归还流程

2.3.3.1 借出

【目的】

借商品、材料给供应商或他人使用时,可将借出的信息记录到"借出单"中。因商品只是借出去,所有权仍为公司所有,而且又不会有账款的产生,所以在账面上不作扣账的处理。但是为管理借出的数量,会虚设一个客户仓或供应商仓,当商品借出时,从公司的仓库以调拨方式转至虚设的仓库。

【业务场景】

1月12日,客户尖峰公司来电给业务部张明达,提出想先借用成功集团产品"数码相机—SX系列"(品号为420001)10 ea,并搭配自己公司其他产品,组合作为3C展会样品,预计1月19日活动结束后归还。稍后,业务部张明达也接到客户茂盛公司的来电,同样要借用10 ea的"数码相机—SX系列"作为其展会样品,预计1月19日归还。

【操作步骤】

步骤一:需求部门业务部从系统主界面执行"存货管理子系统"|"录入借出/入单"作业,进入"录入借出/入单"界面,开始新增第一笔单据内容(客户尖峰公司)。如图2-17所示。

【作业重点】

(1) 交易单别:选择借出单。

(2) 交易对象:可供选择借入品号的对象有客户、供应商、人员及其他。当对象是客户时,可开窗查询及带入客户的信息,本作业带出尖峰公司。对象为其他时,则必须自行输入对象编号或直接输入名称。

(3) 员工编号、部门编号:输入借出的员工与部门。

(4) 工厂编号:需输入是由哪一个工厂借出。

(5) 单身输入借出品号。品号输入的辅助功能有2种:F2键查询品号数据、F3键整套组件展开。

(6) 转出库:从此仓库转出货品借给客户,转出库为正常使用的仓库。

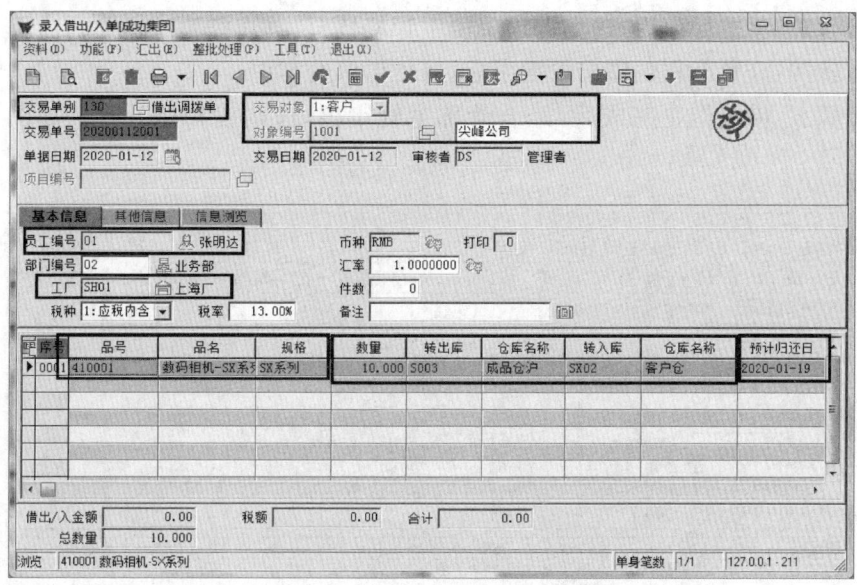

图 2-17 "录入借出/入单"界面

转入库：为虚设的仓库，将借出品转放至此仓库。

数量：输入借出的数量。

（7）预计归还日：可以注明客户"预计要归还的日期"。

步骤二：新增第二笔茂盛公司的借出单。如图 2-18 所示。

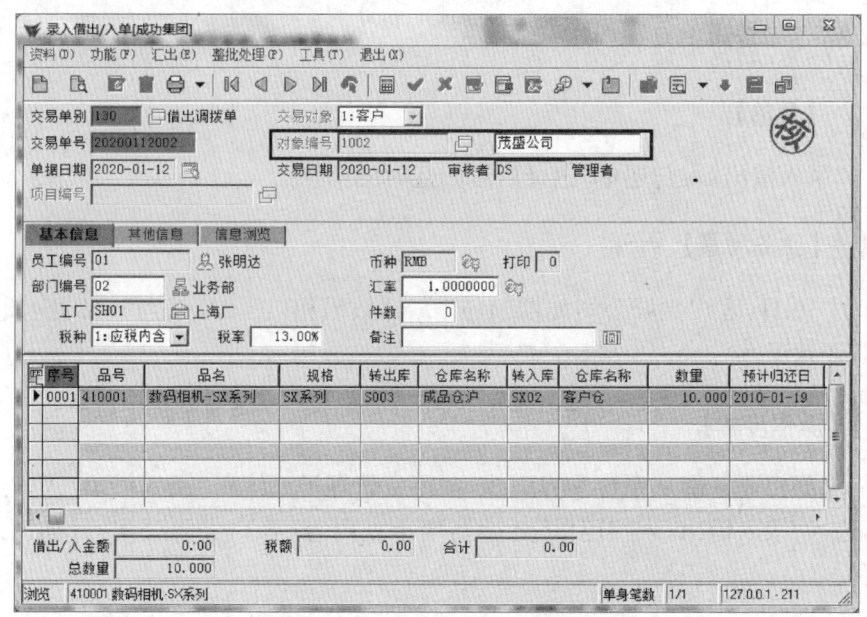

图 2-18 "录入借出/入单"界面

步骤三：单据保存后，送交需求单位主管签核。

步骤四：仓管部收到借出单需求后，备货借出给客户。

步骤五：借出作业完成后，经仓管部主管审核，作调拨扣账处理。如图2-19所示。

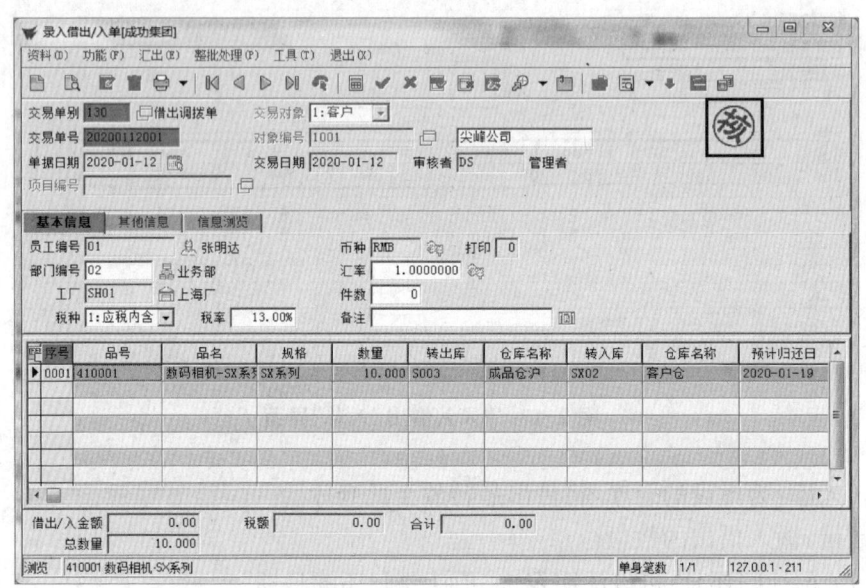

图2-19 "录入借出/入单"界面

2.3.3.2 借出归还

【目的】

于"录入借出/入归还单"记录后续归还时的信息。

【业务场景】

1月19日，客户尖峰公司如期归还10 ea"数码相机—SX系列"，张明达此时要记录归还状况。

【操作步骤】

需求部门业务部从系统主界面执行"**存货管理子系统**"|"**录入借出/入归还单**"作业，进入"录入借出/入归还单"开始新增单据内容（客户尖峰公司）。如图2-20所示。

第 2 章　存货管理子系统 | 33

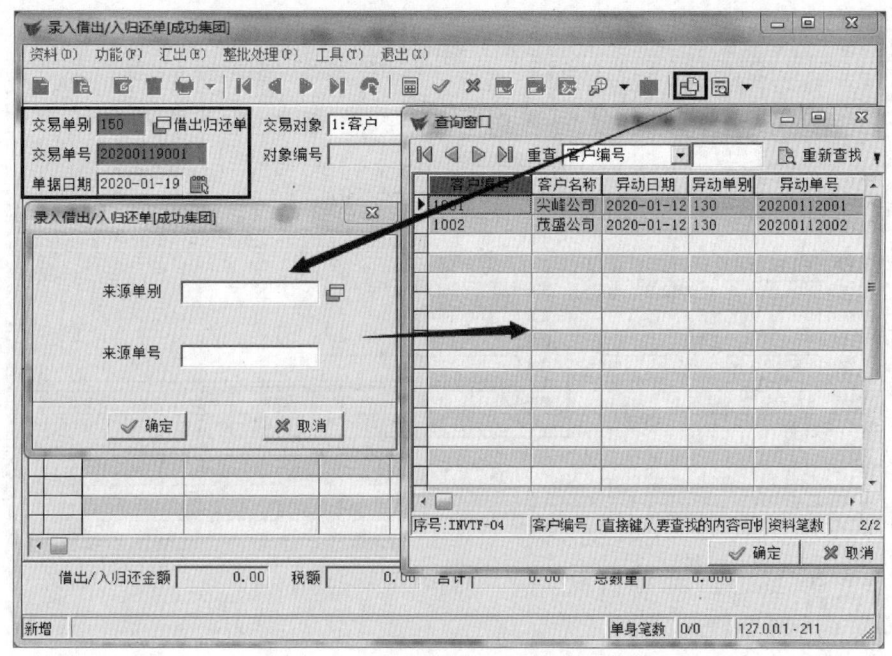

图 2-20　"录入借出/入归还单"界面

【作业重点】

（1）交易对象：可供选择借入品号的对象有客户、供应商、人员及其他。

（2）可利用工具栏的"复制前置单据"按钮协助输入，系统会将当初借出的信息自动带出，包含"来源单别"和"单号"。选择后，借出单中的信息被带到当前作业中。查看带出的资料：品号、转出、转入仓库等。如图 2-21 所示。

（3）当"借出/入归还单"保存审核后，可以到"录入借出/入单"作业中查看，该借出信息会显示"归还量"，当借出数量已全数归还，"结束"会显示为"Y：已结束"。

2.3.3.3　借出转销货

【目的】

借出后的正常程序应为借出归还，但当交易对象为"客户"时，借出可能未归还，而是转为销货，因此借出归还程序转为销货。

【业务场景】

1 月 19 日，茂盛公司表示因"数码相机—SX 系列"在展会上受到客户热烈欢

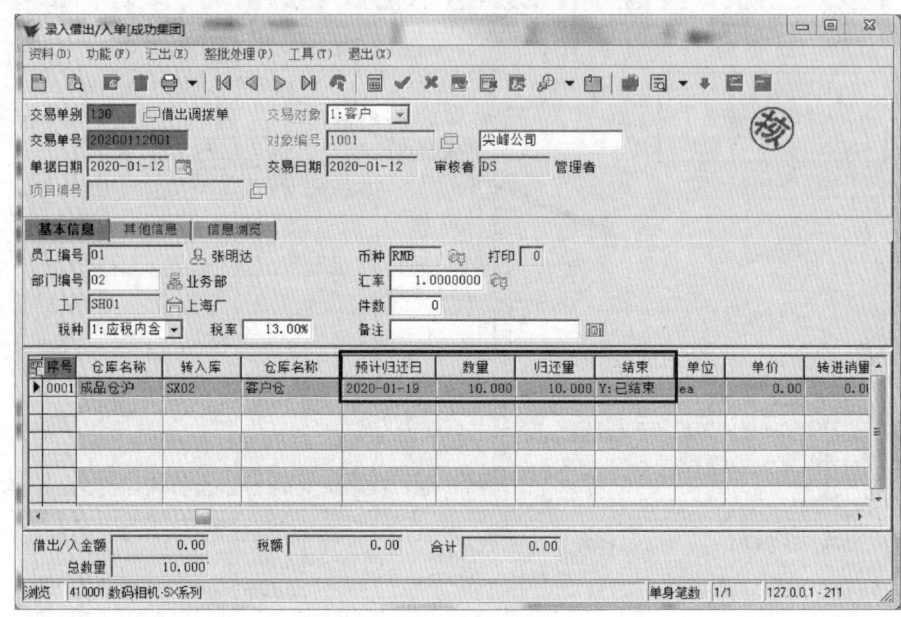

图 2-21 "录入借出/入单"界面

迎,所以要直接购买这 10 ea"数码相机—SX 系列",后续可能再继续向成功集团进货。

【操作步骤】

步骤一:借出转销货,从系统主界面执行"存货管理子系统"|"录入借出/入单"作业,进入"录入借出/入单"找到茂盛公司"130-20200112002"的单据,查看借出单详情。如图 2-22 所示。

步骤二:从系统主界面执行"销售管理子系统"|"录入销货单"作业,进入"录入销货单"开始新增转销货的信息。如图 2-23 所示。

【作业重点】

(1) 新增销货单,单击"复制前置单据"按钮,复制来源选择"借出单",再单击来源单别单号,选择是哪一笔借出要转为销货。如图 2-24 所示。

(2) 检查借出的品号、数量、仓库以及借出单号等信息,或者输入销售单价。

步骤三:保存后的信息检查无误后即可审核。如图 2-25 所示。

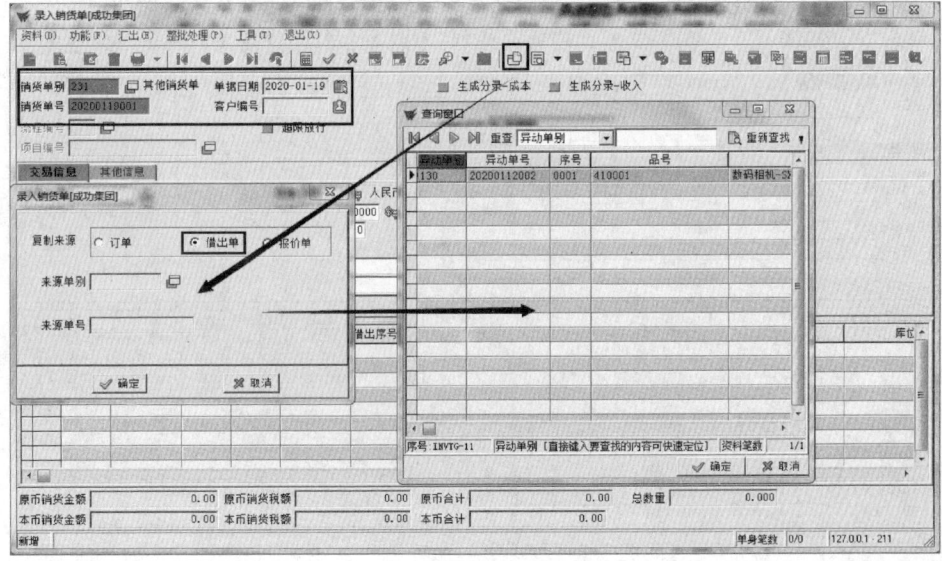

图 2-22 "录入借出/入单"界面

图 2-23 "录入销货单"界面

图 2-24 "录入销货单"界面

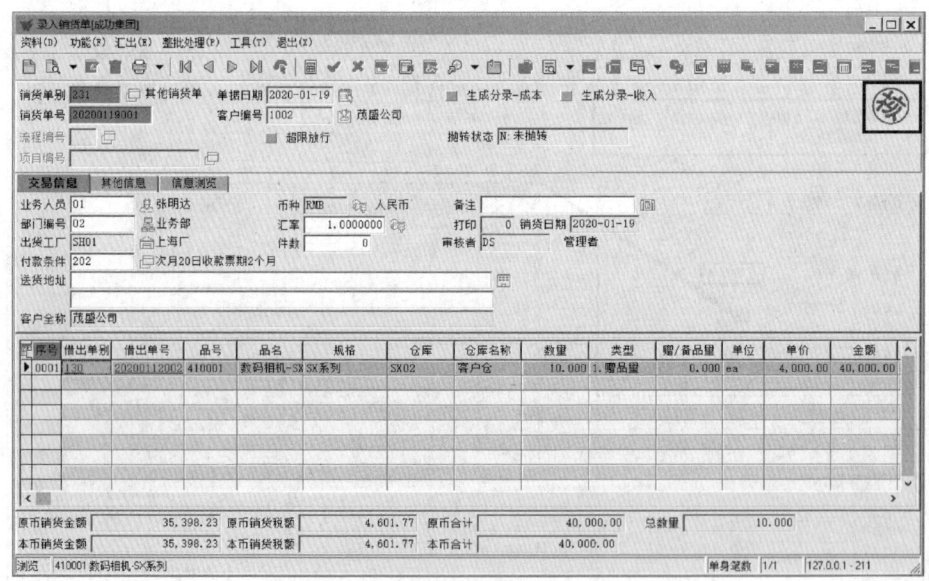

图 2-25 "录入销货单"界面

步骤四:从系统主画面执行"存货管理子系统"|"录入借出/入单"作业,进入"录入借出/入单"查询"130-20200112002"借出转销货的详情。如图 2-26 所示。

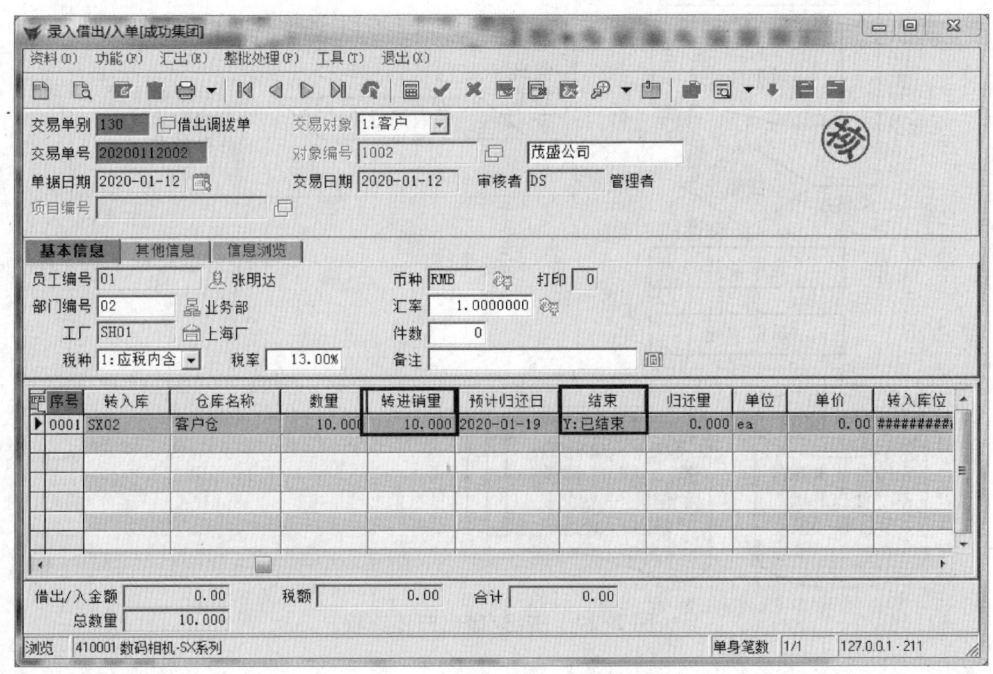

图 2-26 "录入借出/入单"界面

【作业重点】

因为在销货单中有输入借出单号,所以销货单审核后将借出转销货数回写在借出单中的"转进销量";本业务场景借出数量全数转销货,所以结束显示为"Y:已结束"。

【作业流程复习】

作业流程复习如图 2-27 所示。

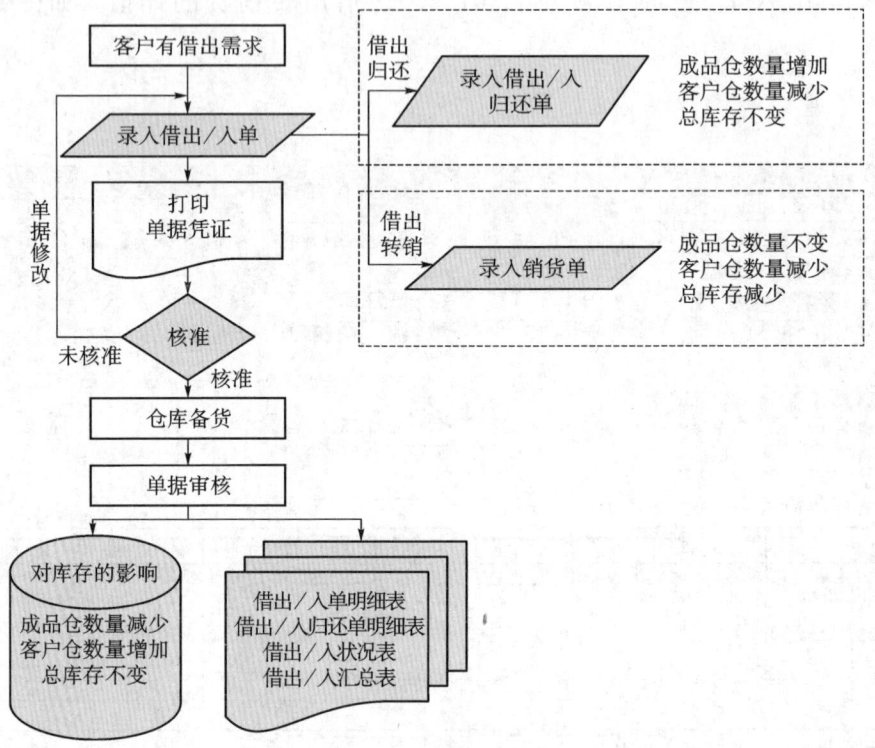

图 2-27　借出/借出归还流程

2.3.4　借入/借入归还流程

2.3.4.1　借入

【目的】

因测试生产或个人使用的需求发生了商品的借入,可将借入时的信息记录到"借入单"里。

【业务场景】

1月20日,采购部蔡佳玲接获研发部工程师陈登山需求,向供应商冠军公司和达智科技分别借用数量为20 pcs的原材料"镜头玻璃",用来测试新产品的适用性,并预计1月27日归还。

**【操作步骤】**

步骤一:借入时,从系统主画面执行"存货管理子系统"|"录入借出/入单"作业,进入"录入借出/入单"开始新增单据内容。如图 2-28 所示。

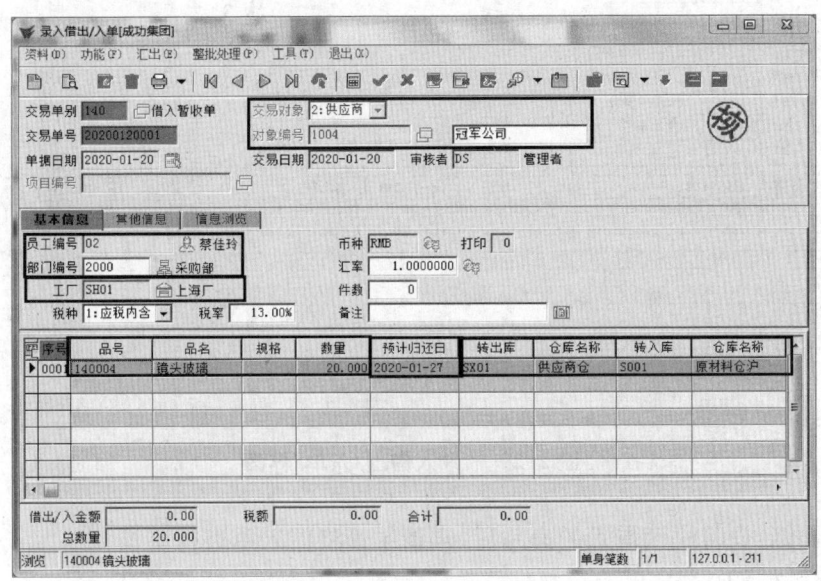

图 2-28 "录入借出/入单"界面

【作业重点】

(1) 交易对象:可供选择借入品号的对象有客户、供应商、人员及其他。

(2) 员工编号、部门编号:输入责任归属的员工与部门。

(3) 工厂编号:需输入转入库的工厂。

(4) 单身输入借入的品号、数量、单位。品号输入的辅助功能有 2 种:F2 键查询品号数据、F3 键整套组件展开。

(5) 预计归还日:可以注明"预计要归还的日期"。

(6) 转出库:通常会设定一个虚拟仓库,将借入品由此仓库借出,因为该货品只是向供应商借用,所有权仍为供应商所有。

转入库:借入的料件转入此仓库。

步骤二:录入第二张向达智科技借货的借入单。如图 2-29 所示。

步骤三:请采购主管审核这两张单据,然后发出给供应商。

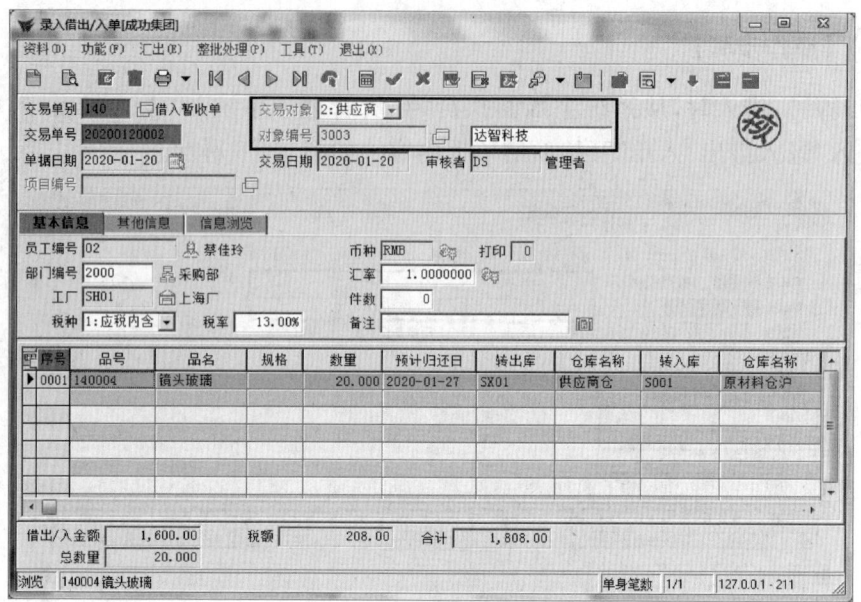

图 2-29 "录入借出/入单"界面

步骤四：仓管收到借入的商品后，再请主管将借入单进行审核。

2.3.4.2 借入归还

【目的】

因测试生产或个人使用的需求发生了商品的借入，可将后续归还时的信息记录到"借入归还单"里。

【业务场景】

1 月 27 日，采购部蔡佳玲，如期归还向供应商冠军公司借用的 20 pcs"镜头玻璃"。

【操作步骤】

步骤一：从系统主画面执行"存货管理子系统"｜"录入借出/入归还单"作业，进入"录入借出/入归还单"新增录入单据相关信息。如图 2-30 所示。

【作业重点】

（1）交易对象：可供选择借入品号的对象有客户、供应商、人员及其他。

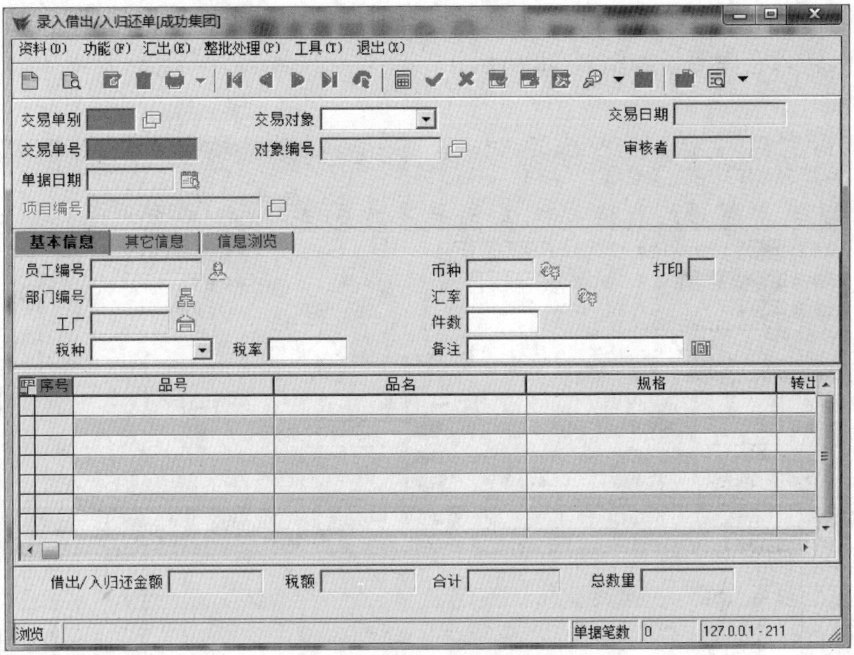

图 2-30 "录入借出/入归还单"界面

(2) 单击"复制前置单据"按钮协助输入，系统会将当初借入的信息自动带出，包含"来源单别"和"来源单号"。如图 2-31 所示。

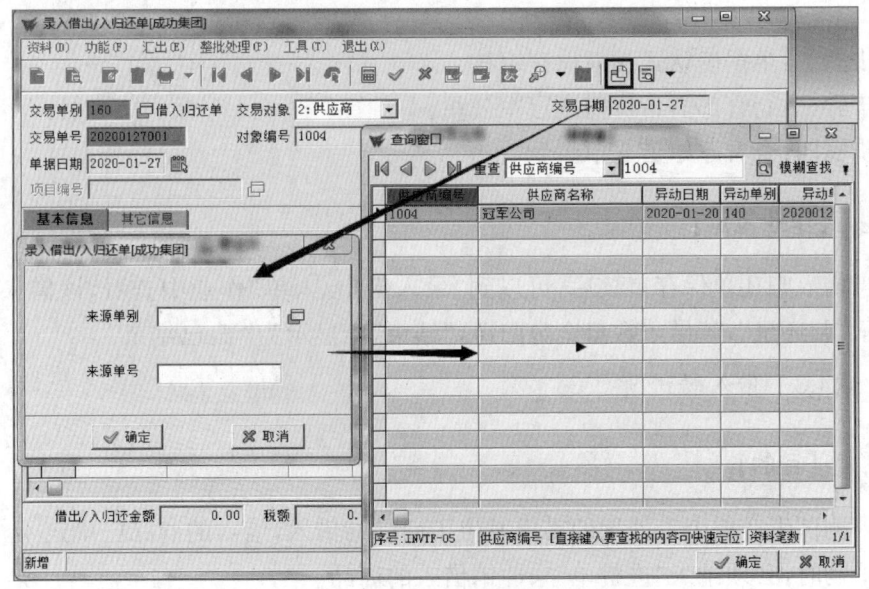

图 2-31 "录入借出/入归还单"界面

(3) 选择后,借入单中的信息被带到当前作业中。查看带出的资料:品号、转出仓库、转入仓库等。如图 2-32 所示。

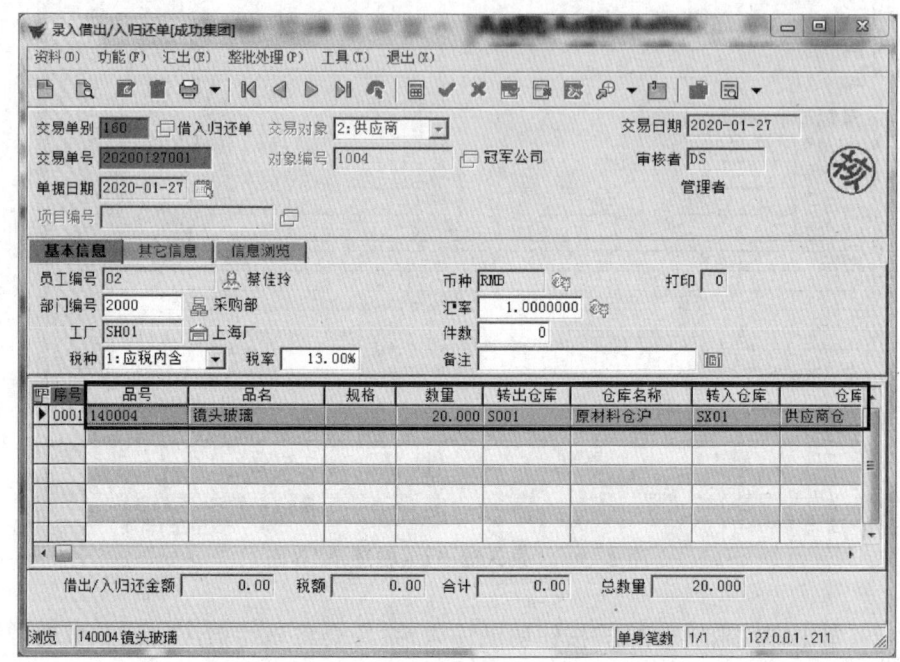

图 2-32 "录入借出/入单"界面

步骤二:单据确认无误后保存审核。
步骤三:仓管部需备货归还冠军公司。
步骤四:查看原始借入单。

【作业重点】

当借入归还单保存审核后,可以到"录入借出/入单"作业中查看,该借入信息会显示"归还量",若借入数量全数归还,"结束"会显示为"Y:已结束"。

2.3.4.3 借入转进货

【目的】

因测试生产或个人使用的需求发生了商品的借入,借入的商品已确定不归还,改为采购时,必须录入"进货单"来冲销借入的商品。

【业务场景】

1月27日,向达智科技借用的20 pcs"镜头玻璃",经过研发部测试,结果良好,决定购买进行试产。

【操作步骤】

步骤一:从系统主画面执行"采购管理子系统"|"录入进货单"作业,进入"录入进货单"新增录入单据相关信息。

【作业重点】

(1) 单击"复制前置单据"按钮协助输入。

(2) 复制来源选择"借入单",再单击前置单别、单号,选择是哪一笔借入单要转为进货。系统会将当初借入的信息自动带出,包含"前置单别"和"前置单号"。如图2-33所示。

(3) 选择后,借入单中的信息被带到当前作业中。检查转进的品号、数量、仓库以及借入单号等信息。

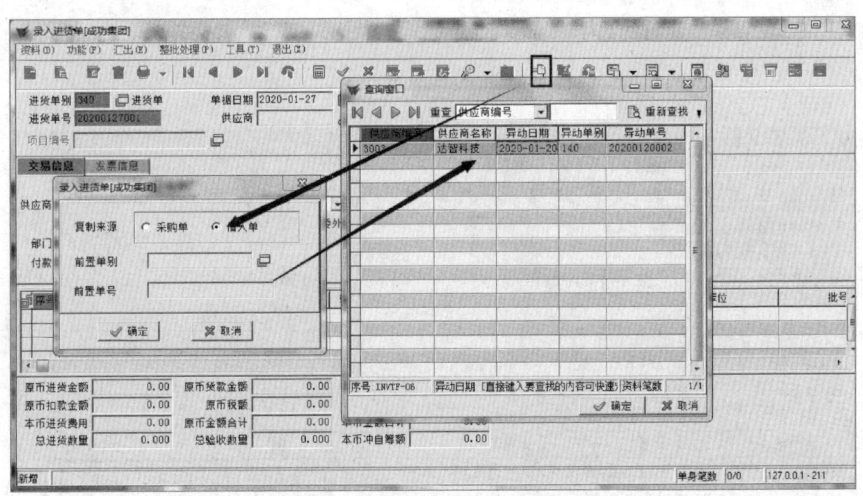

图2-33 "录入进货单"界面

步骤二:输入借入转进货的单价。如图2-34所示。

步骤三:单据确认无误后保存审核。

步骤四:查看原始借入单。如图2-35所示。

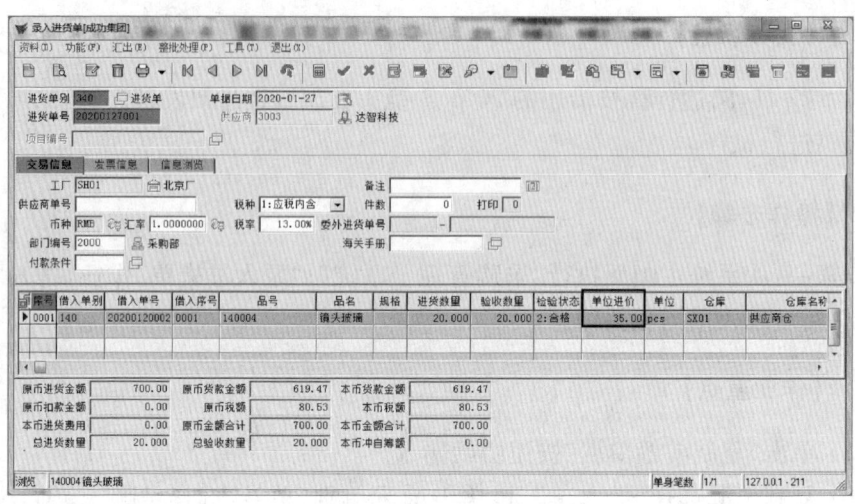

图 2-34 "录入进货单"界面

【作业重点】

当"进货单"保存审核后,"转进销量"字段会更新为已进货数量。当借入数量已全数进货,"结束"会显示为"Y:已结束"。如图 2-35 所示。

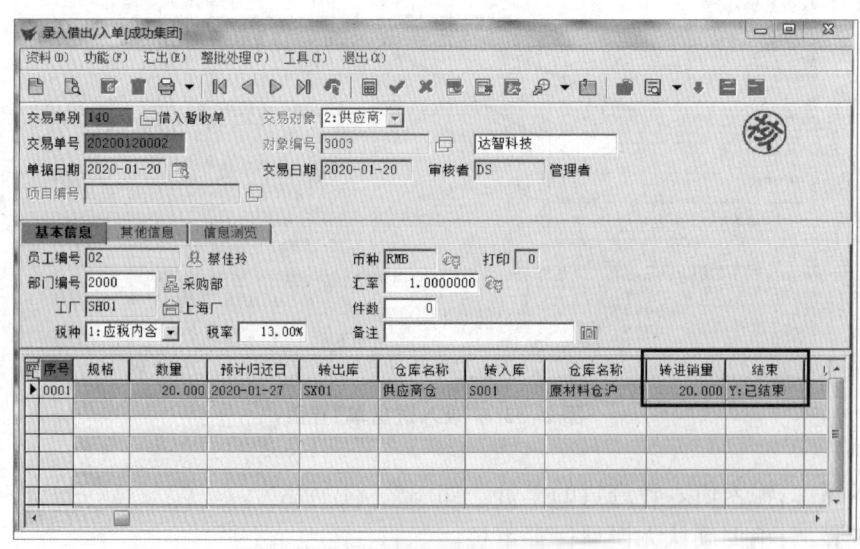

图 2-35 "录入借出/入单"界面

【作业流程复习】

作业流程复习如图 2-36 所示。

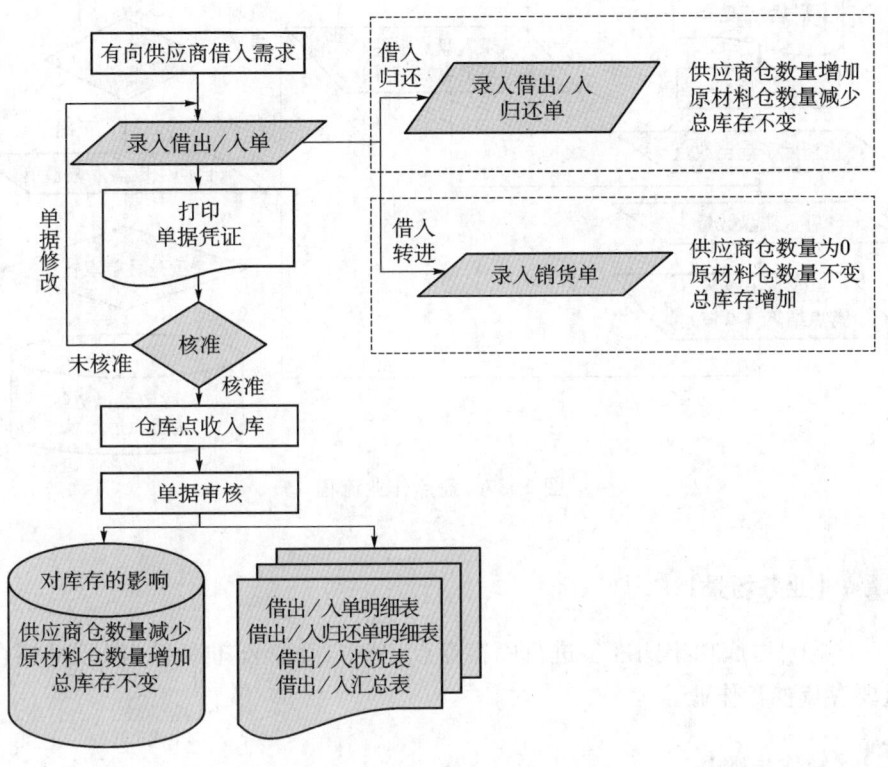

图 2-36　借入/借入归还流程

2.3.5　库存盘点

【目的】

企业每天都进行大量出入库业务,期间发生的丢失、破损、报废等损耗,可能导致库存数量与账面数量不符。为了能确切掌握某时期内的库存数量以及损耗等信息,据此分析库存盈亏、改善管理,这就需要定期进行库存盘点,查明原因后调整账面数,使账物相符。盘点作业流程如图 2-37 所示。

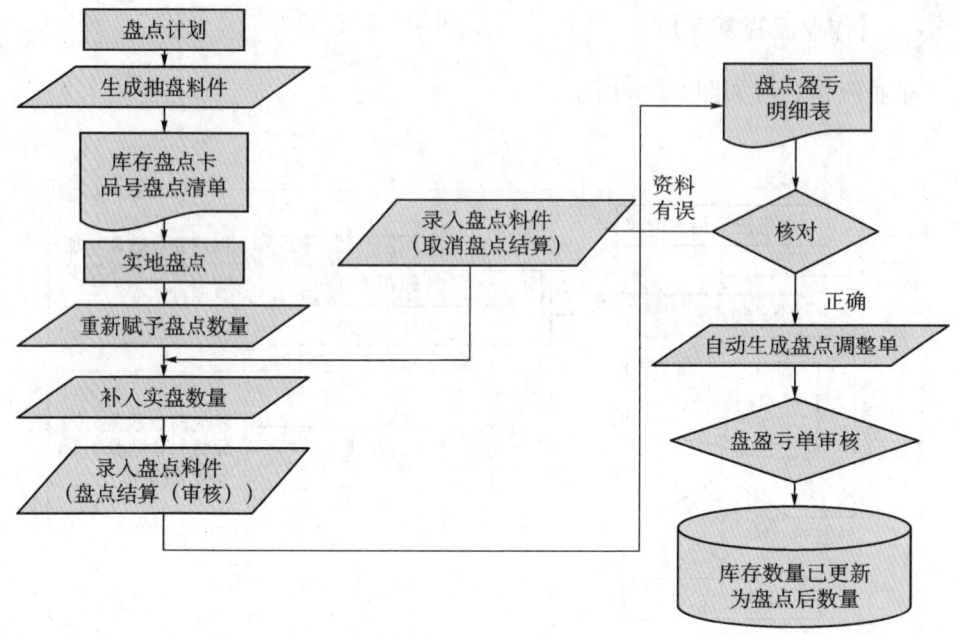

图 2-37 盘点作业流程

【业务场景】

1月31日,成功集团准备进行库存盘点,其中,仓管部准备针对"原材料仓"进行重要存货抽盘作业。

【操作步骤】

步骤一:盘点计划拟定后,成功集团的仓管部预计在1月31日进行"原材料仓"的重要存货盘点。在1月28日以前,先拟定好相关的盘点计划。1月31日实际盘点前,可以先将库存的进出账务冻结起来,以避免盘点后的数据因为库存的再度进出而造成账务混乱。正式完成全部的实地盘点工作后,2月1日以后,与库存相关的交易即可开始正常运作了。盘点的结果到2月3日已经全部输入完毕,同时,核对过相关的账面数量后,即可开始进行"盘盈亏"的结算,但盘盈亏单审核的日期须输入1月31日,即表示从这一天开始,库存已经调整为实际盘点后的数量。

步骤二:系统自动生成抽盘料件,在实际盘点前,产生要盘点的库存信息。如图 2-38 和图 2-39 所示。

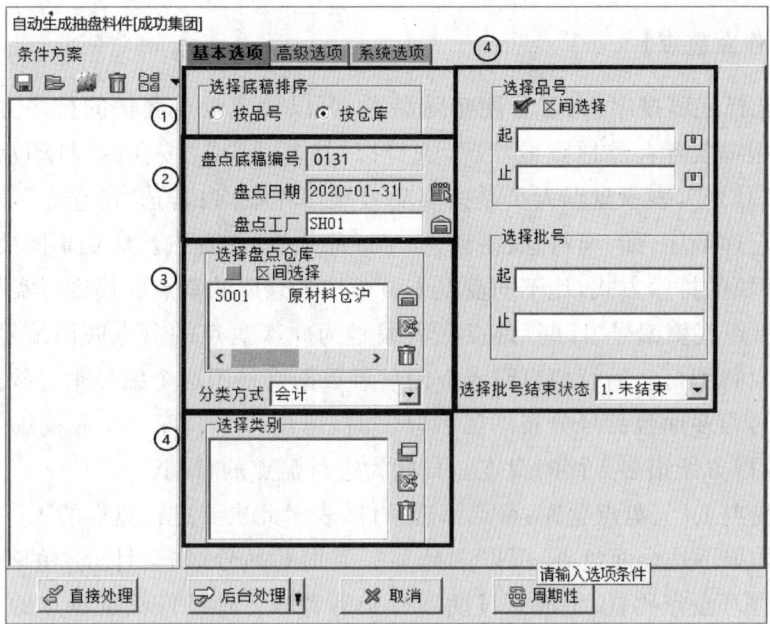

图 2-38 "自动生成抽盘料件"界面

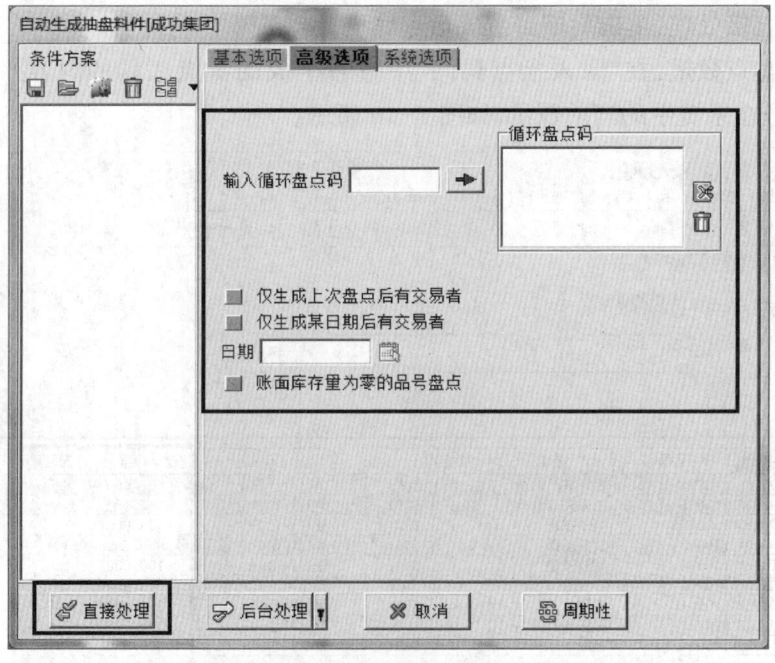

图 2-39 "自动生成抽盘料件"界面

【作业重点】

（1）选择底稿排序：为了方便实际盘点，可以设定盘点底稿的排序方式，让盘点者可以根据实际存储地点或状况，选择以"按品号"或"按仓库"打印盘点底稿。若选择"按品号"，表示盘点人员是按照品号顺序作盘点；若选"按仓库"，表示盘点人员是按仓库顺序（如：原料仓、物料仓、半成品仓等）作盘点。成功集团要以"按仓库"作为底稿的排序方式，让不同盘点人员可按各仓库的盘点底稿进行实际盘点。

（2）盘点底稿编号、日期：盘点底稿编号为此次盘点的盘点底稿编号，底稿编号由公司自行编订。后续要打印或查询盘点数据都是用这个编号来寻找。如果要盘点的品号很多而且品号分布的区域较广时，可用一个仓库一个底稿编号的方式进行编号，以方便很多人同时盘点。日期为进行盘点的日期。

（3）盘点工厂、盘点仓库：盘点筛选条件，表示此次要进行盘点的工厂及仓库。

（4）如果不是全面盘点，可以选择某一类别的品号，如会计分类的产成品类；或者使用循环盘点码，仅生成某日期后有交易者等各种条件筛选盘点的范围。通过勾选"账面库存量为零的品号盘点"还可以选择是否要把账面数量为零的品号也盘点出来。

（5）直接处理：单击后即可生成盘点底稿。

（6）盘点数量：在"录入盘点料件"中查看生成的盘点底稿的内容。"盘点数量"为品号在系统中的当前数量，如图2-40所示。

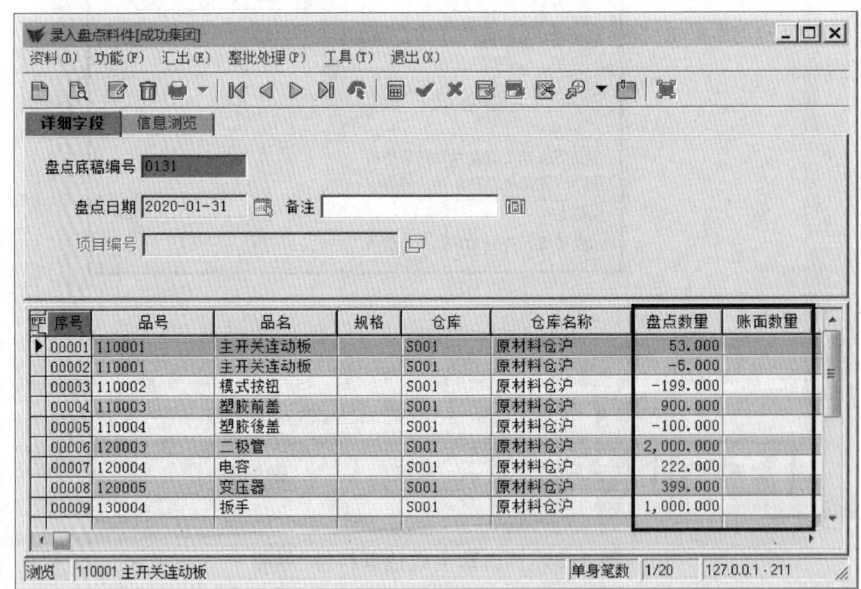

图2-40 "录入盘点料件"界面

步骤三：打印库存盘点卡或品号盘点清单，作为盘点人员实际盘点的依据。

1. 打印盘点卡

打印盘点卡流程如图 2-41 至图 2-43 所示。

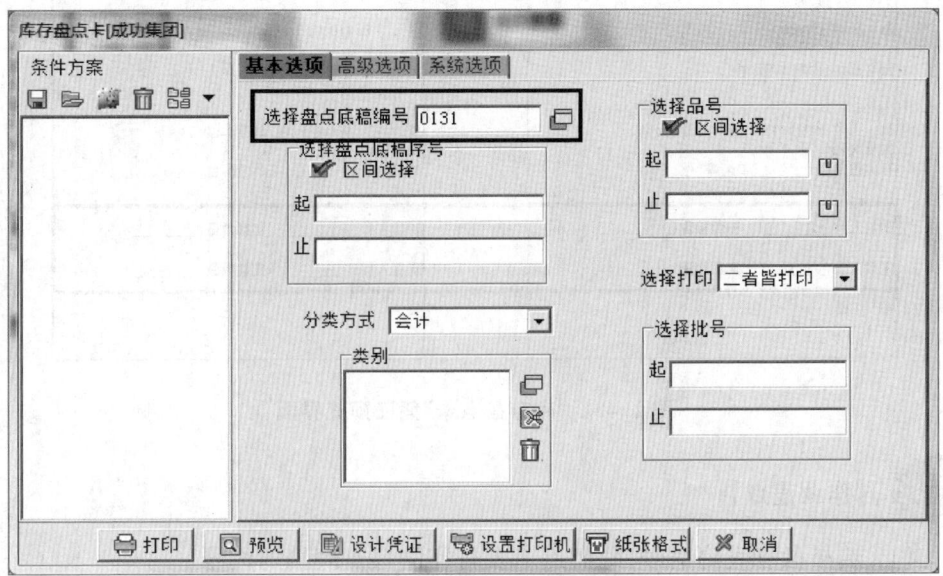

图 2-41 "库存盘点卡"界面

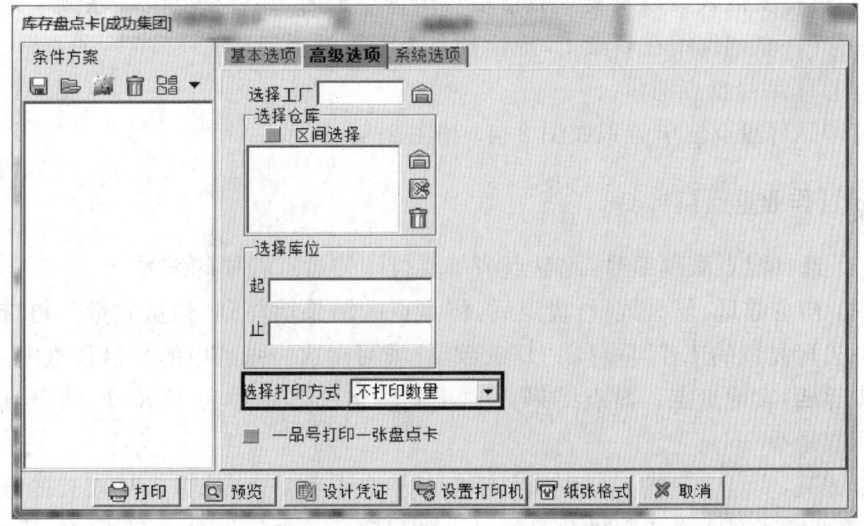

图 2-42 "库存盘点卡"界面

库存盘点卡
盘点日期:2020-01-31 底稿编号:0131 -00001
仓 库:S001 原材料仓沪
品 号:110001
品名规格:主开关连动板
批 号:********** 库存单位: pcs
批号说明:
存储位置: 小 单 位:
初盘人员:______ 初盘数量:______
复盘人员:______ 复盘数量:______
备 注:
页次: 0001

库存盘点卡
盘点日期:2020-01-31 底稿编号:0131 -00001
仓 库:S001 原材料仓沪
品 号:110001
品名规格:主开关连动板
批 号:********** 库存单位: pcs
批号说明:
存储位置: 小 单 位:
初盘人员:______ 初盘数量:______
复盘人员:______ 复盘数量:______
备 注:
页次: 0001

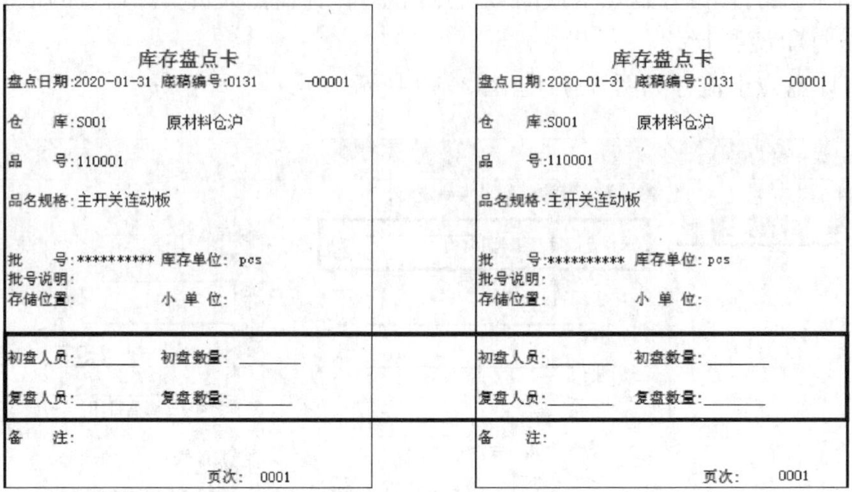

图 2-43 “库存盘点卡”凭证预览界面

【作业重点】

（1）选择盘点底稿编号：此盘点卡要打印的盘点底稿的编号。

（2）初盘人员、初盘数量、复盘人员、复盘数量：初盘人员在实际盘点后将初盘人员以及初盘数量填写在盘点卡内，并贴在标的物的料架上。后续复盘人员实际盘点后，再将复盘人员以及复盘数量填写至盘点卡内，并将盘点卡一联撕下来交给财务；另外一联则保留在料架上，提供抽盘人员再抽盘使用。

2. 打印品号盘点清单

打印品号盘点清单流程如图 2-44 和图 2-45 所示。

【作业重点】

（1）选择盘点底稿编号：此盘点清单要打印的盘点底稿的编号。

（2）初盘数量、复盘数量：盘点后，将盘点的结果填写到“初盘数量”，再交给复盘人员进行复盘的工作，同样将“复盘数量”填写在这一张清单的复盘数量内。

步骤四：实地盘点。盘点结果：“主开关连动板”（品号为 110001）的盘点数量较账面数量少 5pcs。

步骤五：实盘数量输入。先执行重新赋予盘点数量，计算盘点日当天的账面库存量，重新赋予录入盘点料件单身的盘点数量字段。之后将盘点到的实际数量，记录到相应的作业中，以作为盘盈亏及更新库存数量的依据。如图 2-46 所示。

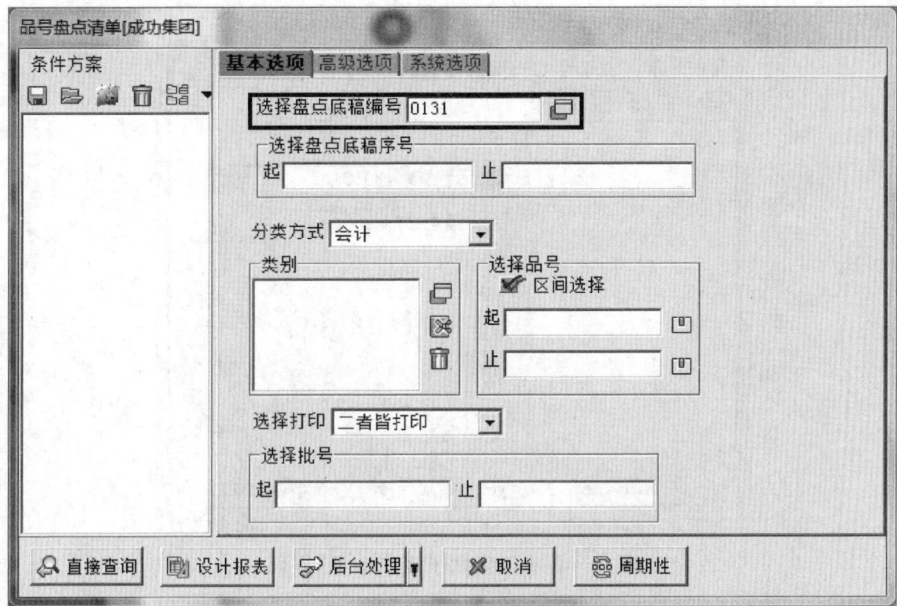

图 2-44 "品号盘点清单"界面

图 2-45 "品号盘点清单"界面

52　ERP 供应链管理应用教程

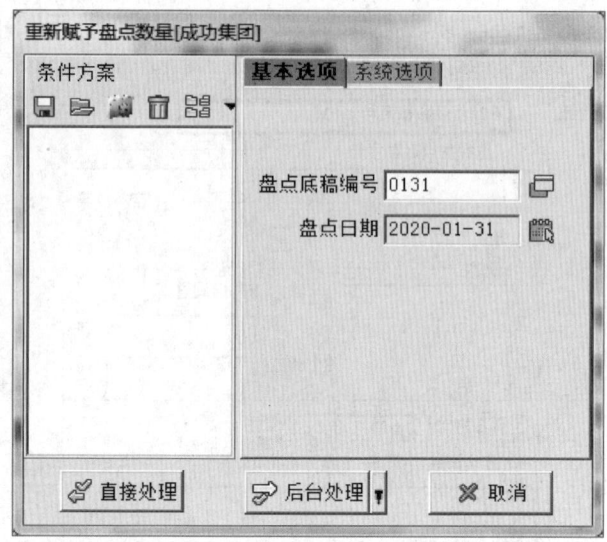

图 2-46　"重新赋予盘点数量"界面

1. 方式一

补入实盘数量,如图 2-47 所示。

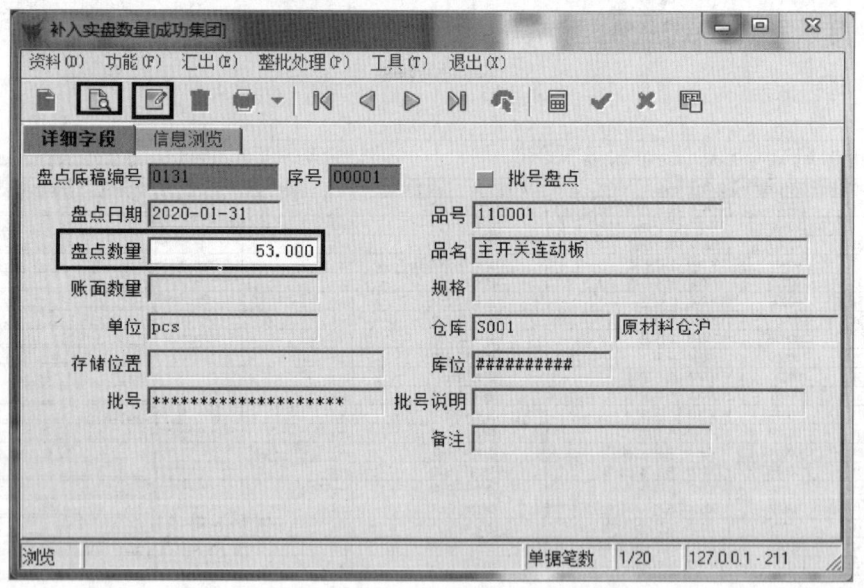

图 2-47　"补入实盘数量"界面

【作业重点】

（1）单击"补入实盘数量"｜"查询"，找出要输入实际盘点数量的"盘点底稿编号""品号""仓库"信息。

（2）再单击"修改"，将实际盘点到的数量输入"盘点数量"的字段。输入完毕后，将单据保存即可。通过"补入实盘数量"输入现场实际盘点数量，优点是可以多人分工同时进行输入动作。

2. 方式二

录入盘点料件，如图 2-48 所示。

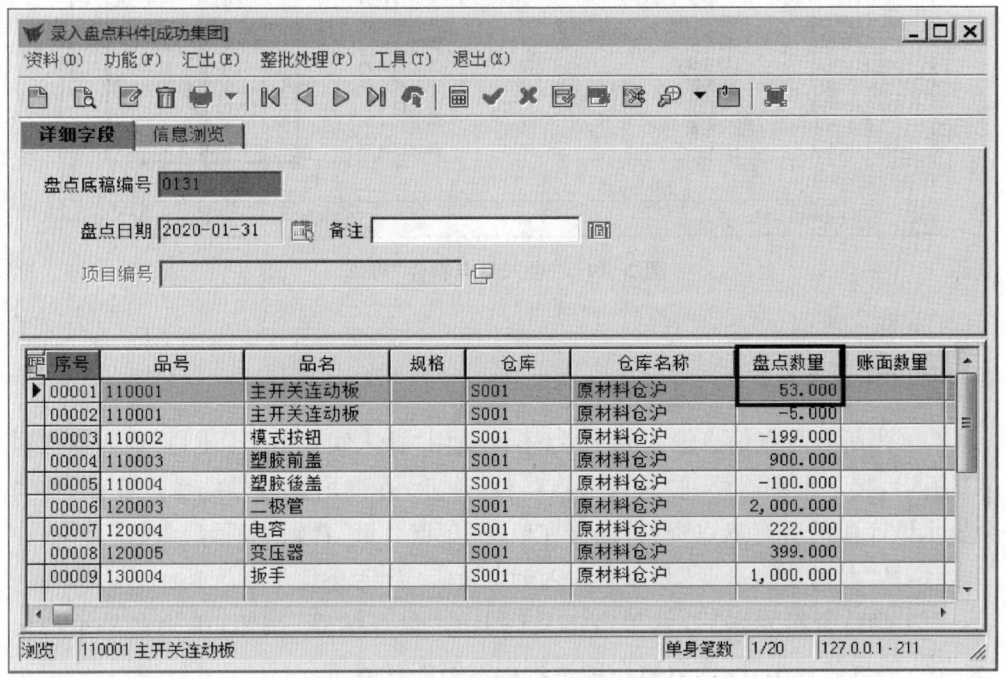

图 2-48　"录入盘点料件"界面

（3）还有一种方式是直接到"录入盘点料件"查询出该份盘点底稿，点击"修改"，在"盘点数量"字段输入现场实际盘点的数量，之后保存。这种方式的优点是当输入实际盘点数量的人员只有一个人时，这种方式的输入速度比较快，缺点是一份底稿一次仅能一人输入，不能多人分工同时输入。

步骤六：盘点汇总，将盘点数量补入系统后，可于此作业执行"汇总"动作，来确认盘点数据是否正确,汇总后的数据才可进行"盘盈亏比较"。如图 2-49 所示。

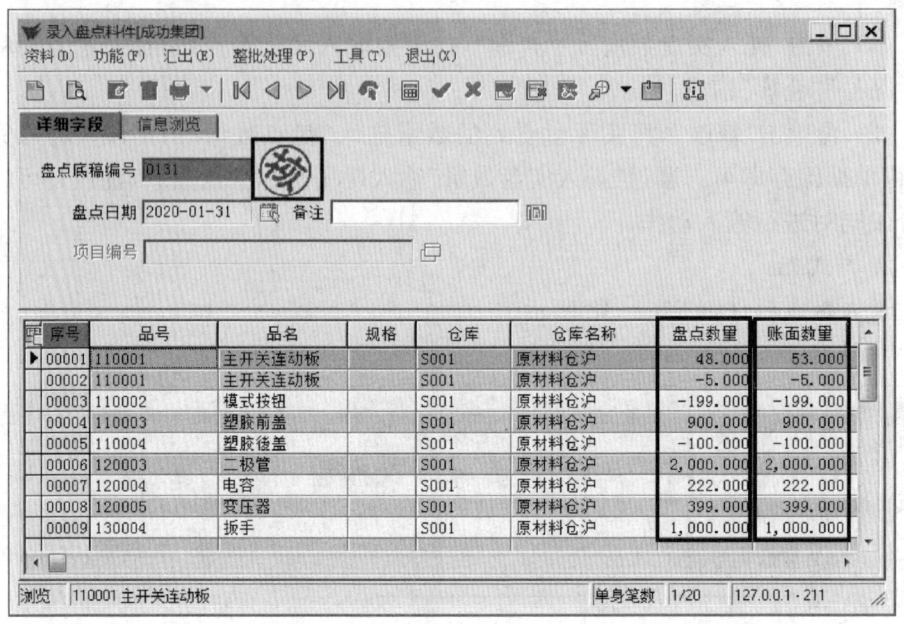

图 2-49 "录入盘点料件"界面

【作业重点】

(1) 当所有盘点信息输入完毕后(不论是用"补入实盘数量"还是"录入盘点料件"输入),接下来都需要到"录入盘点料件"作业,查询出该编号的盘点底稿,单身会显示该底稿的所有盘点资料,也会在单身"盘点数量"看到"实际盘点数"。

注:从"补入实盘数量"作业中输入的数量,之后也会显示在这里。

(2) 确认资料无误后,就单击工具栏上的"盘点结算"按钮,单头会显示一个"核"字,单身会显示"账面数量",即系统记录的库存数量。

注:盘点数量—账面数量=盘盈(盘点数量>账面数量)

或盘点数量—账面数量=盘亏(盘点数量<账面数量)

步骤七:打印盘点盈亏明细表,查看"盘盈亏状况"。

执行产生报表画面,如图 2-50 所示。

报表产出结果,如图 2-51 所示。

步骤八:生成盘点调整单,自动生成盘点调整单。盘点后,账面数量与实盘数量有差异时,必须产生盘点调整单据(盘盈亏单)来调整库存账面量。调整单可利

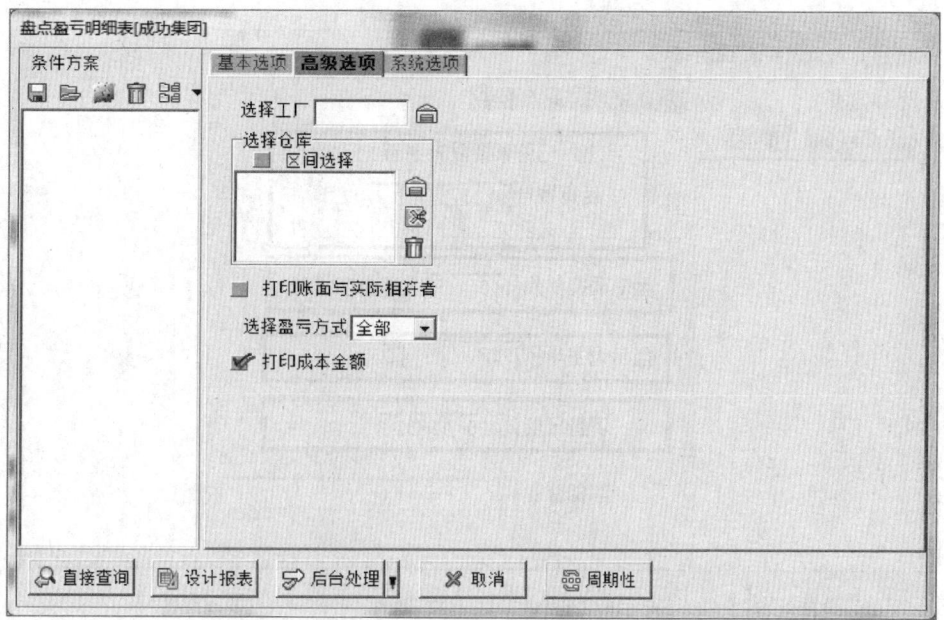

图 2-50 "盘点盈亏明细表"界面

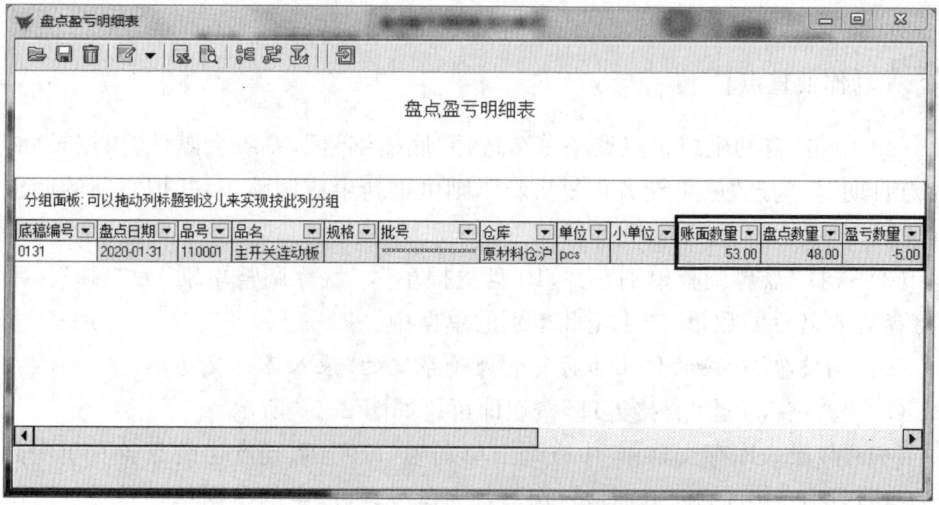

图 2-51 "盘点盈亏明细表"界面

用本作业由系统产生,也可手动输入。如图 2-52 所示。

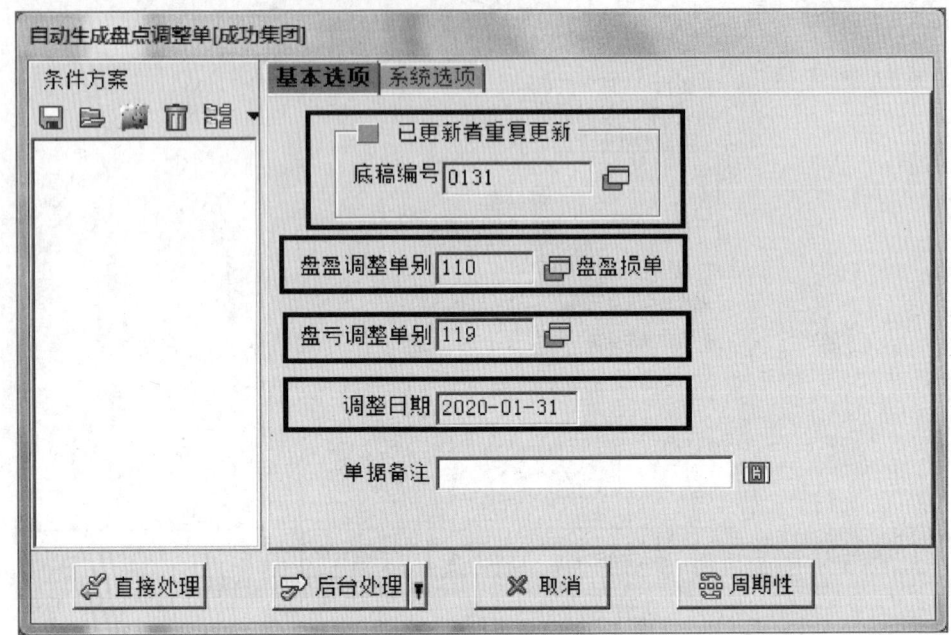

图 2-52 "自动生成盘点调整单"界面

【作业重点】

(1) 单击"自动生成盘点调整单",选择"底稿编号",系统会默认"单据日期"为"盘点日期"。勾选"已更新者重复更新",则可重新生成调整单,并把之前的调整单替换掉。

(2) 选择"盘盈调整单别"为"110 盘盈损单","盘亏调整单别"为"119"。系统会将盘盈或盘亏的数量,产生至此单别的单据中。

注:"调整单"对应的作业为存货管理子系统的"录入库存交易单"。

(3) 选好后,单击"直接处理"按钮即可。如图 2-53 所示。

(4) 到"录入库存交易单"中查询出单别为"119",系统产生的盘盈亏单中品号若为盘盈,则产生的单据单别是"110";若为盘亏,则产生的单据单别是"119"(由于 119 单别是影响库存减的,因此正数就代表减少)。如图 2-54 所示。

(5) 当此"盘盈亏单"审核后,该品号的库存数量就会被调整。至此,整个盘点作业完成。

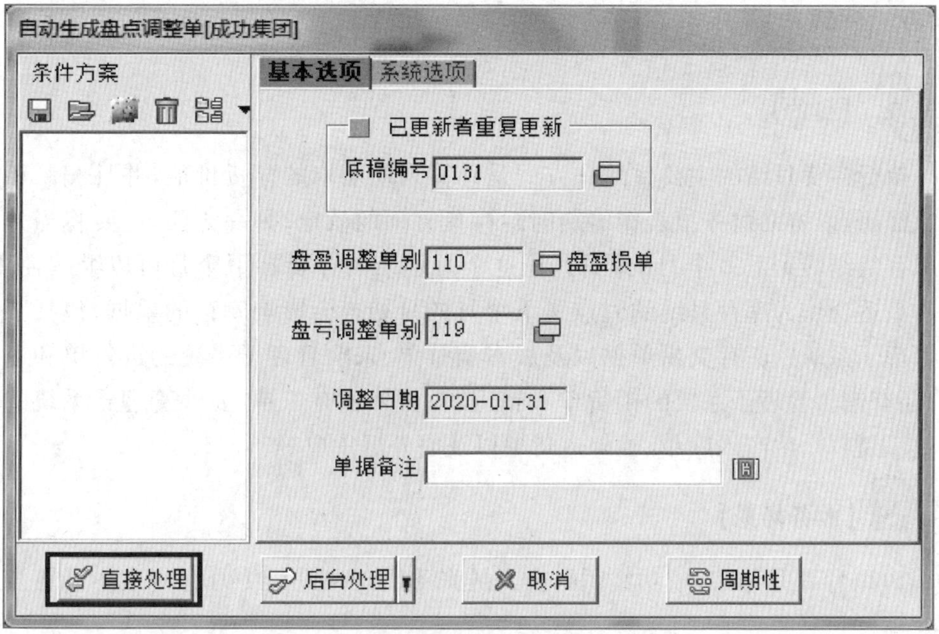

图 2-53 "自动生成盘点调整单"界面

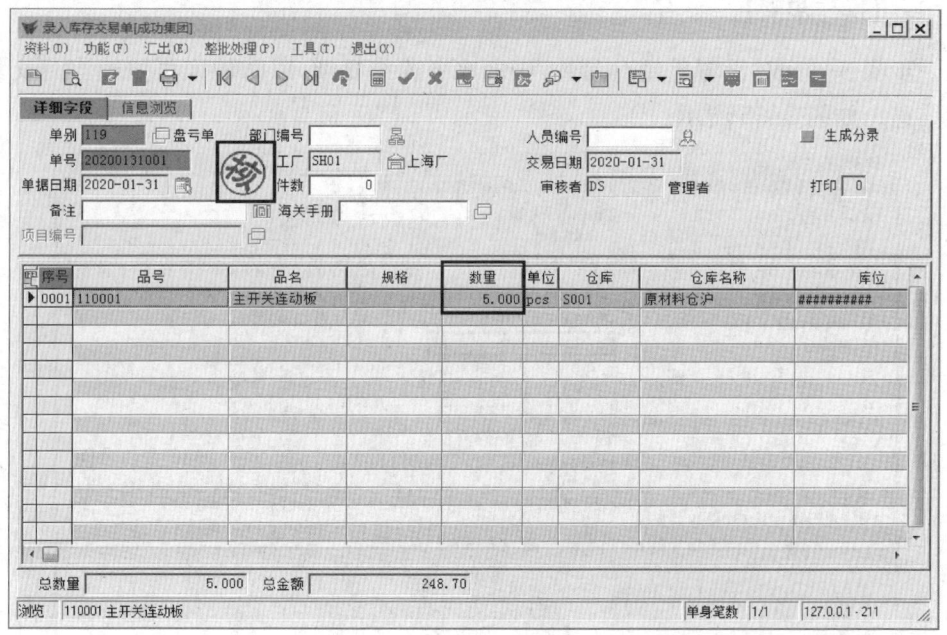

图 2-54 "录入库存交易单"界面

2.3.6 存货月结

【目的】

执行存货月结的主要目的一方面是计算当期期末的存货价值，并且编制相关存货账册，以协助财务报表在编制时对存货方面的认定；另一方面，是要将当月的期末存货结转到下一个月的期初，让这个月剩余的存货在下个月可以继续使用。通常最适合作为库存月结的时点是下个月的月初。会影响库存的单据，包括了存货管理子系统的库存交易单据以及成本调整单、采购管理子系统的进货单和退货单，还有销售管理子系统的销货单和销退单；另外还有工单/委外管理子系统的领料单、退料单、生产入库单、委外进货单以及委外退货单等。

【业务场景】

2020年1月结束，成功集团财会人员张秀娟正在进行1月存货成本计算及月结处理。

【操作步骤】

步骤一：修改"设置进销存参数"中的账务冻结日期，以防他人再修改当月交易的信息。如图 2-55 所示。

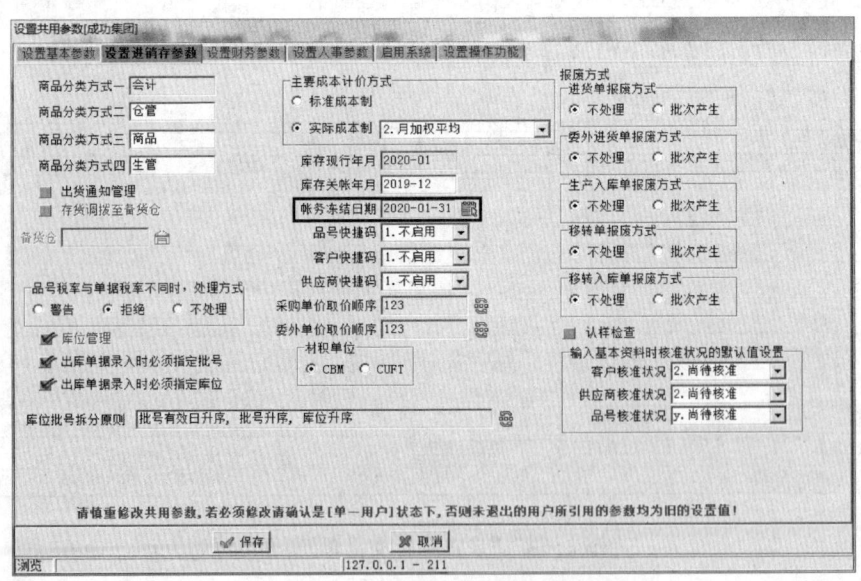

图 2-55 "设置共用参数"界面

步骤二:确认月结当月是否还有未审核的单据。如图 2-56 所示。

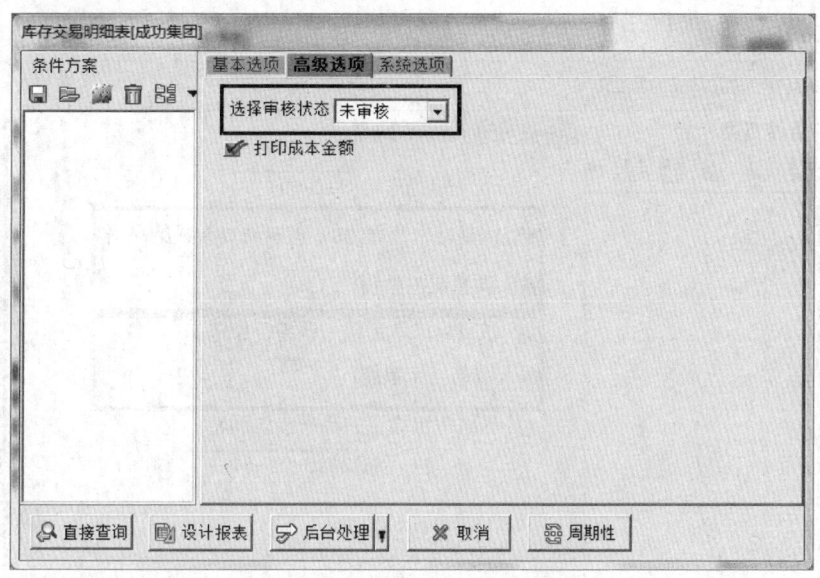

图 2-56 "库存交易明细表"界面

步骤三:执行"月底成本计价"作业,计算物料的成本。如图 2-57 所示。

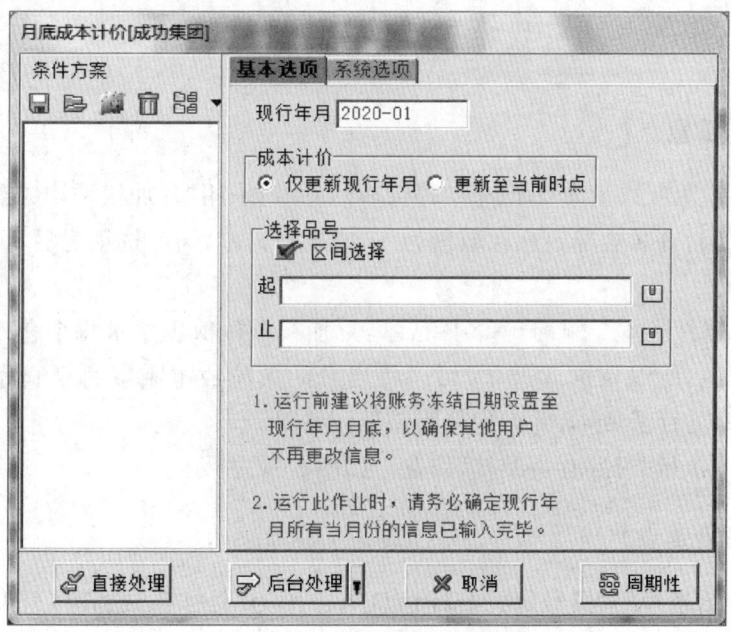

图 2-57 "月底成本计价"界面

步骤四：执行"自动调整库存"作业，调整因小数点引起的金额尾差。如图2-58所示。

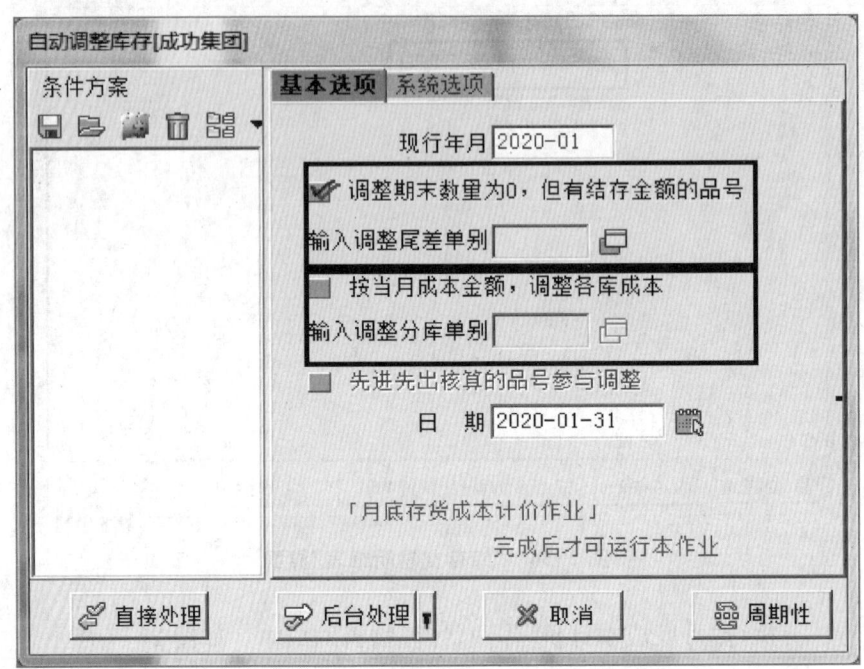

图 2-58 "自动调整库存"界面

【作业重点】

（1）调整期末数量为0，但有结存金额的品号：采用"月加权平均成本制"时，由于取位等原因，有时会导致库存数量为零，成本不为零，勾此选项之后，可将尾差的金额调整掉。

（2）按当月成本金额，调整各库成本：月加权单位成本要求每个仓库的单位成本都是一样的，所以勾选此选项，可以将当月的单位成本乘以每个仓库的库存数量，算出各库的存货成本，并产生分库差异调整单。

步骤五：执行"月底存货结转"作业。如图2-59所示。

【作业重点】

产生月结当月的"品号每月统计信息"，也称为"月档"。结算该月期末库存成本及数量，产生更新到下一个月档的"月初成本"与"月初数量"字段，并将"设置共

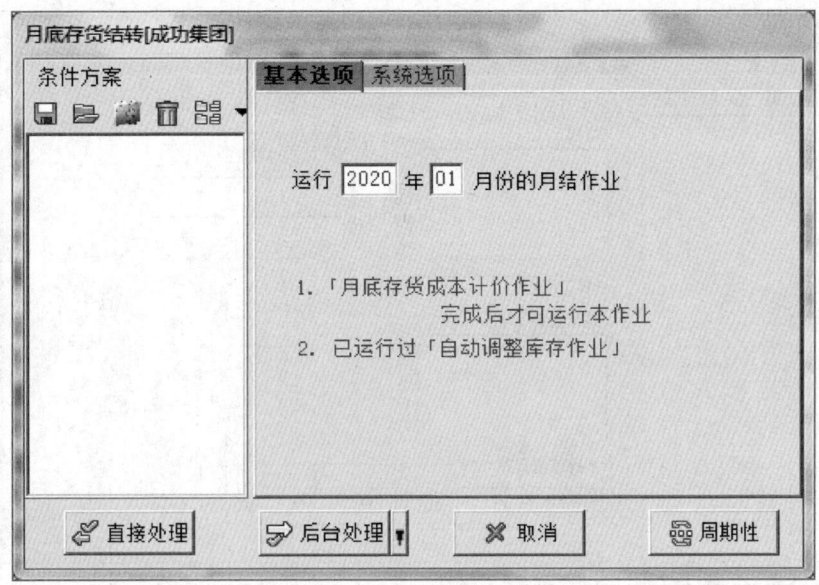

图 2-59 "月底存货结转"界面

用参数"中的"库存现行年月"自动加"1"。

注：所谓"月底存货结转"作业，相当于会计结账（或关账）动作。执行过后，该月及该月以前的各种影响库存交易的单据就不可再新增输入或撤销审核修改了。

2.4 常用报表简介

2.4.1 库存明细账

【目的】

记录料件每笔详细交易明细，并且结算料件的期初及期末库存余额，与人工账的库存量交易账册相似，为常用查账报表的一种。

【操作步骤】

步骤一：在"库存明细账"界面上进行设置，然后单击"直接查询"。如图 2-60 和图 2-61 所示。

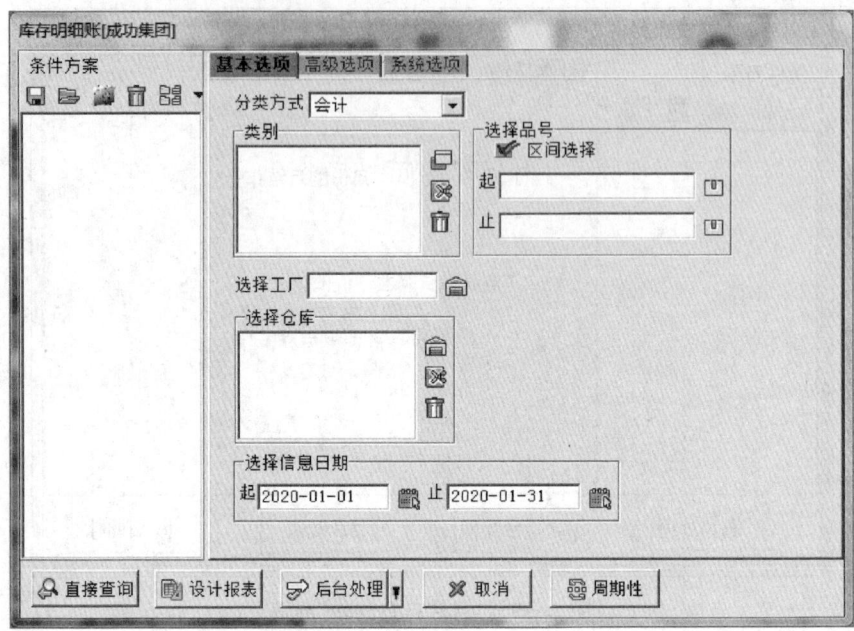

图 2-60 "库存明细账"界面

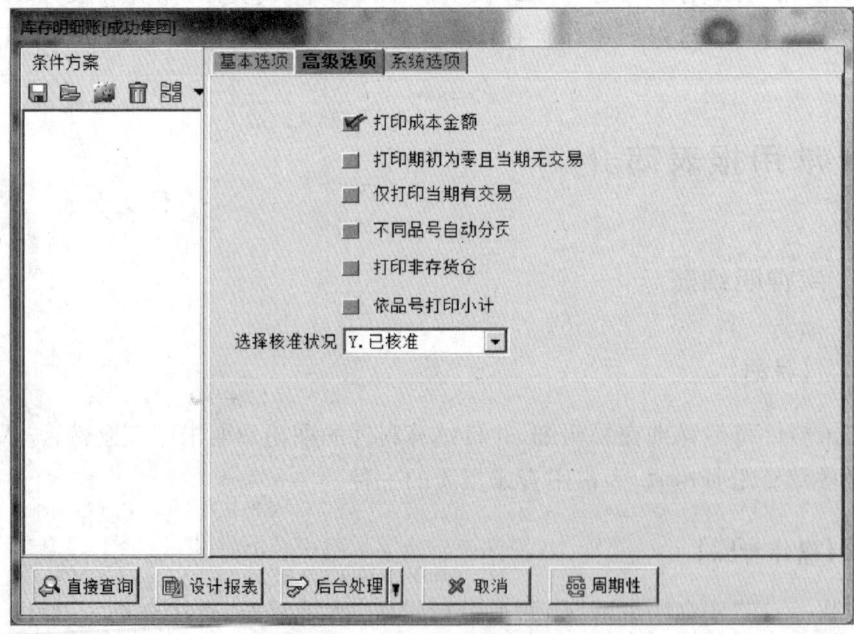

图 2-61 "库存明细账"界面

步骤二：报表产出结果，具体如图 2-62 所示。

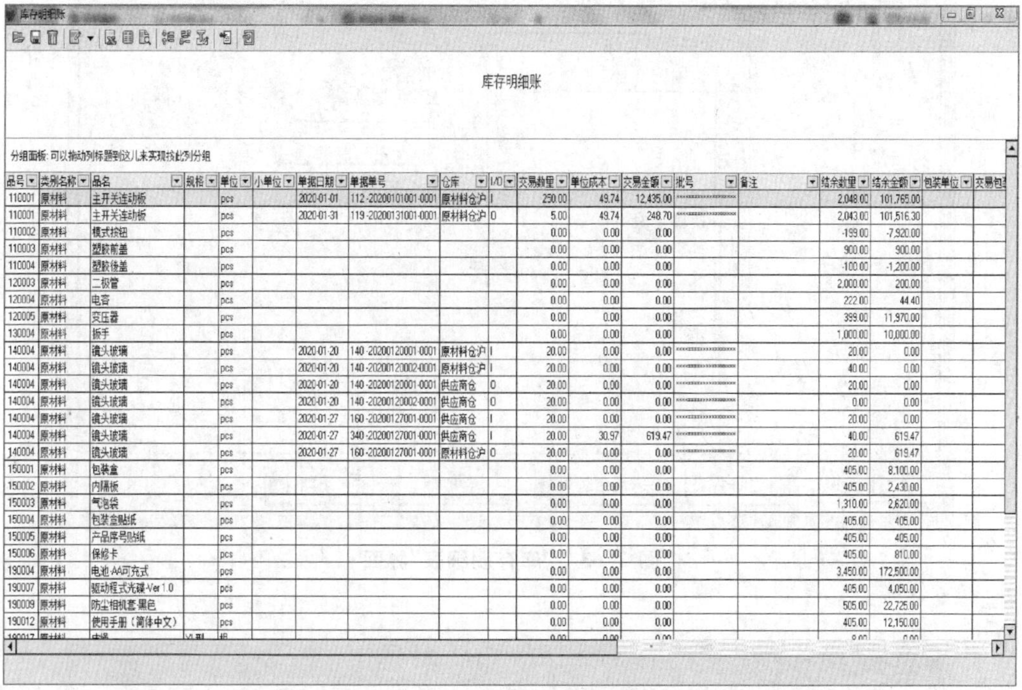

图 2-62 "库存明细账"界面

2.4.2 库存明细表

【目的】

查询在某一特定时点内，各项品号存放在各仓库的库存数量、库存金额及单位成本等统计资料，以正确掌握库存信息。

【操作步骤】

步骤一：在"库存明细表"界面上进行设置，然后单击"直接查询"。如图 2-63 和图 2-64 所示。

步骤二：报表产出结果，具体如图 2-65 所示。

图 2-63 "库存明细表"界面

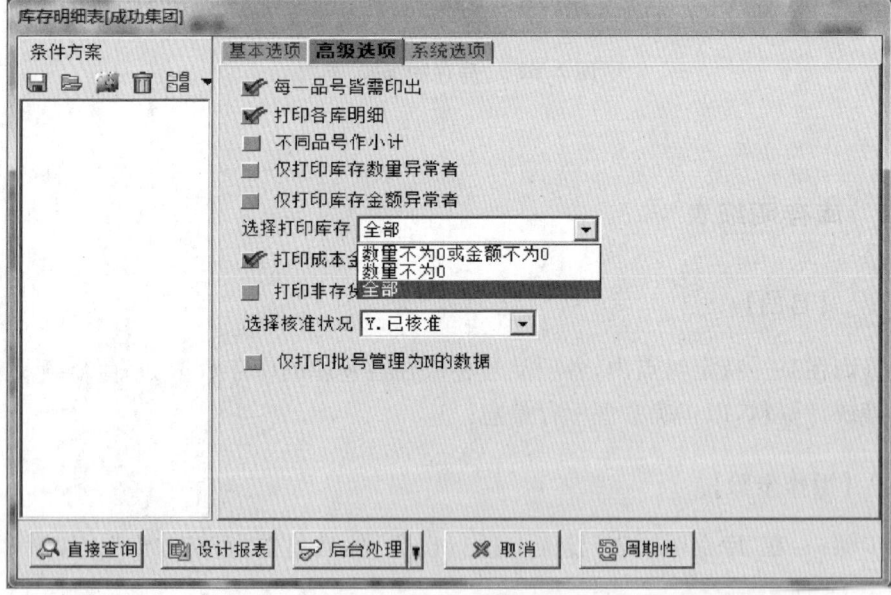

图 2-64 "库存明细表"界面

图 2-65 "库存明细表"界面

2.4.3 库存交易统计表

【目的】

统计与库存相关的各单据明细金额资料,可与进耗存统计表进行对应。

【操作步骤】

步骤一:在"库存交易统计表"界面上进行设置,然后单击"直接查询"。如图 2-66 所示。

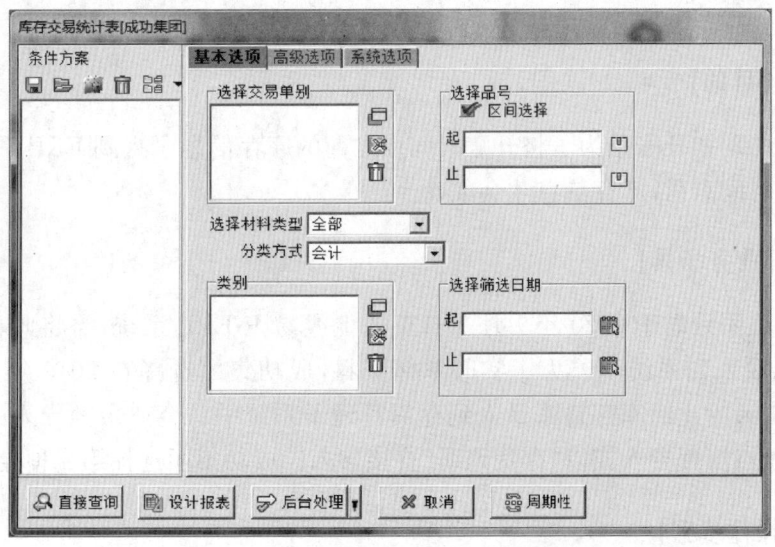

图 2-66 "库存交易统计表"界面

步骤二：报表产出结果，具体如图2-67所示。

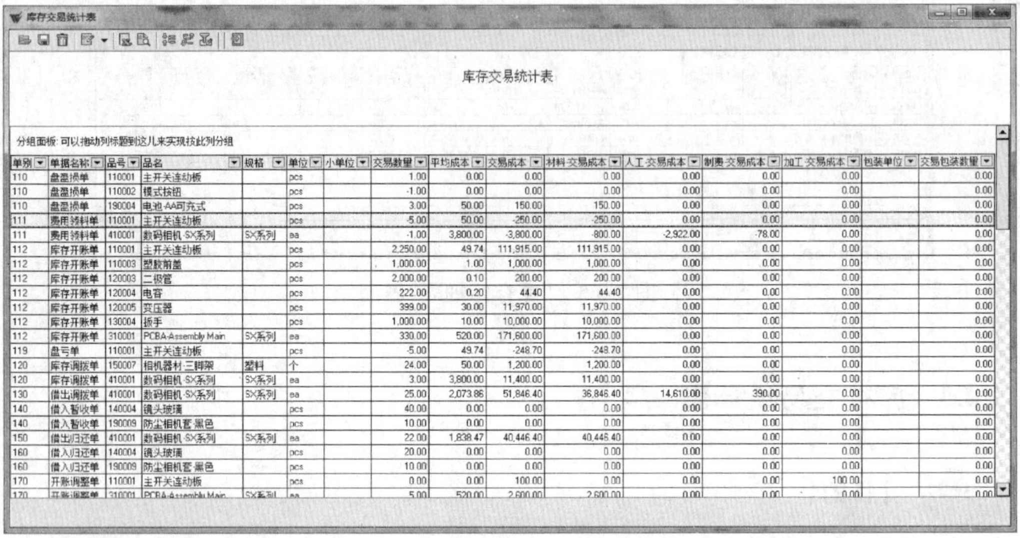

图2-67 "库存交易统计表"界面

2.5 期初开账

【目的】

系统的期初开账是为了将开账时间点之前的库存信息录入到ERP系统中，这样在开账时间点后，库存信息才会准确。

【业务场景】

成功集团计划于2020年1月1日正式上线易飞ERP系统，需将此日期之前的库存账输入到系统里。为了实时掌握资料，成功集团选择在2019年12月31日，把到当天为止的库存料账录入到存货管理子系统中。企业余额导入的方式有两种，以盘点流程导入或以"存货账册"直接导入。成功集团选择第二种导入方式。

【操作步骤】

步骤一：收集2019年12月31日的品号信息，数量由仓管提供，单位成本由财务提供。如表 2-5 所示。

表 2-5 品号信息收集表

金额单位:元

品号	品名/规格	属性	存放仓库	数量	成本
410001	数码相机—SX 系列	自制件	S003 成品仓	250 ea	1000
310001	PCBA-Assembly Main	自制件	S002 半成品仓	250 ea	300
110001	主开关连动板	采购件	S001 原材料仓	200 pcs	50
110002	模式按钮	采购件	S001 原材料仓	200 pcs	0.1
110003	塑胶前盖	采购件	S001 原材料仓	100 pcs	1
110004	塑胶后盖	采购件	S001 原材料仓	100 pcs	1

仓管　　财务

步骤二:将收集到的信息手动输入"录入成本开账/调整单"。如图 2-68 所示。

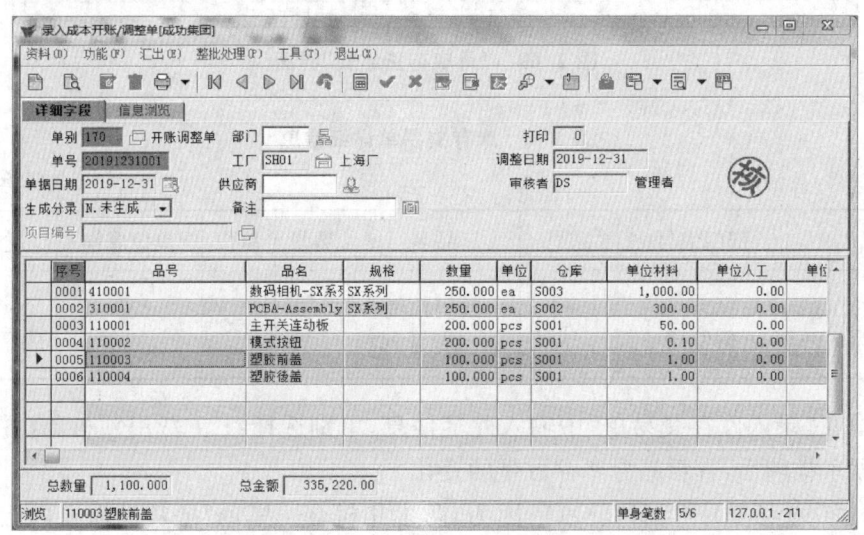

图 2-68 "录入成本开账/调整单"界面

步骤三:执行 2019 年 12 月底存货结转。如图 2-69 所示。

【课后习题】

1. 2020 年 3 月 25 日,研发人员从系统中领取 1 ea "数码相机—SL 系列"做试验,明细如表 2-6 所示。

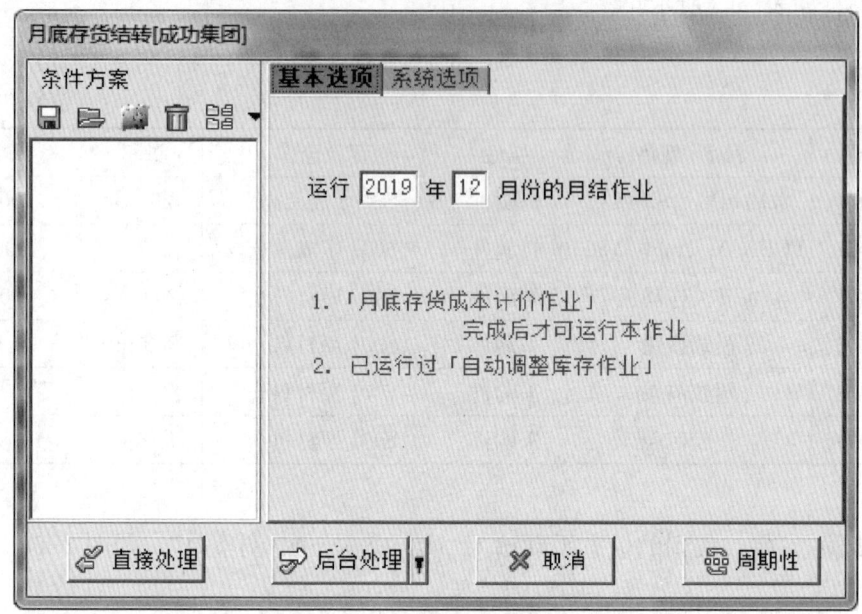

图 2-69 "月底存货结转"界面

表 2-6 库存交易单详细信息

金额单位:元

工厂	部门编号	品号	品名	数量	单位	单位成本	仓库
SH01 上海厂	6000 研发部	410001	数码相机—SL系列	1	ea	1 669.14	S003 成品仓沪

请在"录入库存交易单"中输入此笔信息,单别选择:111 费用领料单,并分别在单据审核前后,查看品号库存数量的变化。

2. 2020 年 3 月 25 日,北京厂因为"防尘相机套—黑色"缺货而需要向上海厂"原材料仓沪"调用。详细信息如表 2-7 所示。

表 2-7 调拨单详细信息

部门编号	转出工厂	品号	品名	数量	单位	转出库	转入库
5000 物管部	SH001 上海厂	190009	防尘相机套—黑色	100	pcs	S001 原材料仓沪	B001 原材料仓京

请在"录入调拨单"中输入此笔信息,单别选择:120 库存调拨单,并分别在审核前后查看转出库和转入库的数量。

3. 成功集团 2020 年 3 月业务数据结束,请进行 3 月的存货成本计算及月结处理。

第3章 销售管理子系统

3.1 系统简介

3.1.1 系统效益与特色

销售管理子系统主要包含了报价、订单、销退货和客户信息管理。除详细记载从报价、接单以及销退货的交易信息外,更重要的是实时提供各种相关报表,供管理者了解销售状况,以便正确作出与销售相关的管理决策。

销售管理子系统有如下特色:

(1) 销售管理子系统提供了"销售预测"管理,可作为编制生产计划的依据,也可作为销售成绩与预测目标达标率的管理工具。

(2) 在日常输入订单或销货单数据时,可实时在线检测库存数量是否足够,节省了电话询问或是现场了解实际状况所用的时间。

(3) 系统记载了对客户的报价数据和客户价格的变动,以作为公司内部审查和核准的依据。

(4) 从多种角度对报价、接单、销货进度作了管控报表,方便在日常作业中作跟催和管理,达到货物准时交货的目的。

(5) 利用系统完整的销售数据,针对业务员、产品等和销售相关的资料,作多角度统计及分析,以作为主管销售决策时的工具。

(6) 系统特别设计了产品配置功能,客户可以自行定义产品配置方案并进行成本模拟。

（7）订单的凭证可以通过 E-mail 或传真系统直接传送给客户，不需要将凭证打印出来再传送给客户。这样既可以达到办公室无纸化的目标，也减少了行政的处理时间。

3.1.2 系统架构与关联

销售管理子系统的构架与关联如图 3-1 和图 3-2 所示。

图 3-1 系统架构

1. 存货管理子系统

销售管理子系统中销货单审核后会减少库存数量，相对的销退单审核时会增加库存数量，而且在这些单据输入的过程中，也可以查询到当前库存数量。

2. 采购管理子系统

通过销售管理子系统中"从订单自动转成采购单"这支批次作业，可以把订单直接复制生成采购管理子系统中的请购单或采购单。

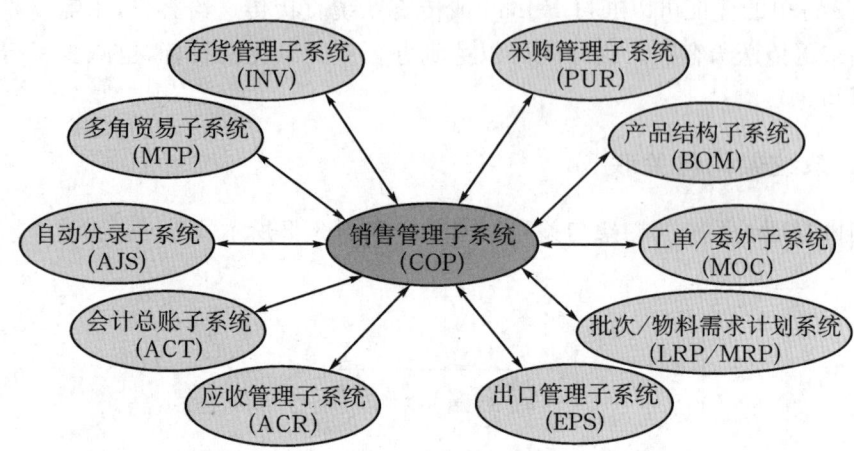

图 3-2　销售管理子系统与其他系统的关联图

3. 多角贸易子系统

在多角贸易子系统中会使用到的单据包括"多角贸易订单""多角贸易销货单""多角贸易销退单"等,这些单据都必须在销售管理子系统中的"设置订单单据性质"中设定。而"多角贸易子系统"的批次作业中有"抛转多角贸易订单""还原多角贸易订单"等。这些作业的数据来源都来自销售管理子系统的单据数据。

4. 产品结构子系统

在日常作业输入"报价单""订单"或是"销货单"时,如果是采用"整套零件出货"或是"半成品零件出货"时,就可以将客户购买的主件,按照 BOM 材料用量信息,自动展开成套的材料零件,以节省资料输入的时间。

5. 工单/委外子系统

接单后,如果零库存或者订单有选配件的需求时,在工单/委外子系统中,执行"从订单自动生成源工单"后,就可以将销售管理子系统中还未结案的订单数据,直接产生工单来投入生产线生产。

6. 批次及物料需求计划系统

当物料需求计划产生的时候,会以销售管理子系统中的"未实现的销售预测量"以及"未结束订单的未销货数量"作为物料需求计算的依据,计算出该买多少数量、该生产多少数量以及什么时候要进货和开工。

7. 出口管理子系统

订单接单后,凡是要出货的商品包装方式外销的出口文件包括 INVOICE、PACKING LIST、L/C 等资料的管理,都是在出口系统中处理的。

8. 应收管理子系统

商品出货后，后续要在应收管理子系统中开票，而销售发票的来源，就是销售管理子系统中的销货单和销退单。

9. 会计总账子系统

如果客户账款的会计科目有明细科目，并且启用了自动分录子系统，希望通过系统自动产生会计分录的话，那么就需要在销售管理子系统的"录入客户信息"中输入"账款科目"。这两个会计科目字段就是从会计总账子系统的"录入会计科目"中自动带出来的数据。

10. 自动分录子系统

销售管理子系统中的销货单和销退单这两种单据，事后都可以通过自动分录子系统来产生成本和账款的会计分录，并抛转会计凭证到会计总账子系统，来节省人工录凭证的时间。

3.1.3 一般企业销售循环流程

一般企业销售循环流程如图3-3所示。

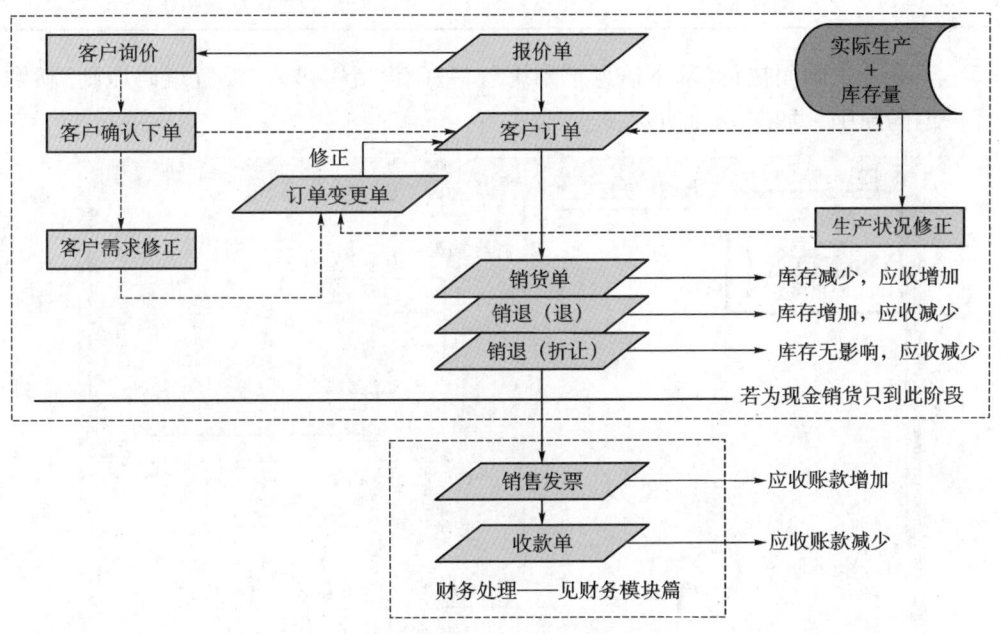

图 3-3 销售循环流程图

3.2 基础设置

3.2.1 设置编码原则

新增客户信息时,可由系统自动给予一个号码,人员就不用记住上一次已经编到第几号了,也不用担心会有跳号的问题发生。

【业务场景】

成功集团针对客户编码有以下编码原则,可将此编码规则设定在"设置编码原则"中,以方便录入客户信息时的编码设定。如表3-1所示。

表 3-1 品号编码原则

第1码	第2~4码
1 国内客户	后3码全为流水号
2 国外客户	后3码全为流水号

从系统主画面执行"基本信息子系统"|"基础设置",进入"设置编码原则"新增客户编码原则。如图3-4所示。

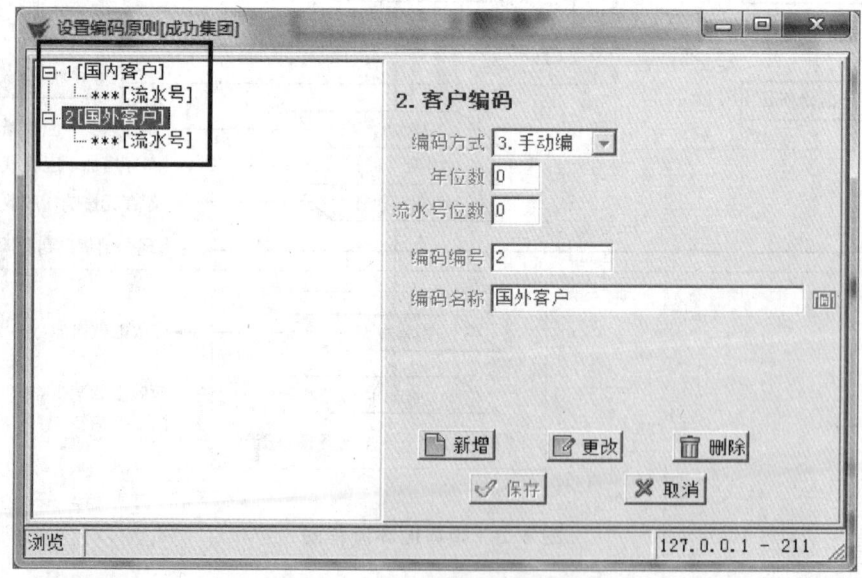

图 3-4 "设置编码原则"界面

3.2.2 录入客户信息

所有与企业有交易往来的客户,不论是国内客户还是国外客户,都必须将客户信息录入在这个作业里。如图 3-5 和图 3-6 所示。

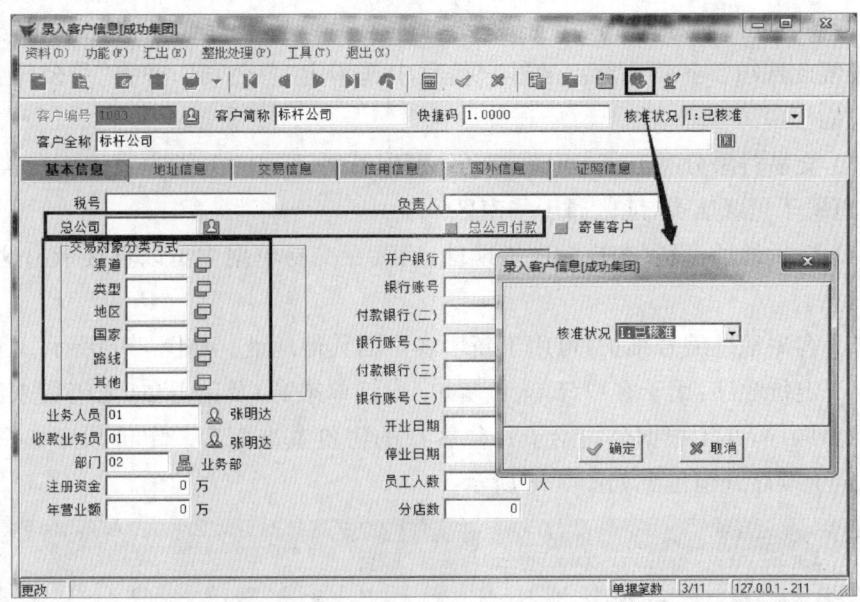

图 3-5 "录入客户信息"界面

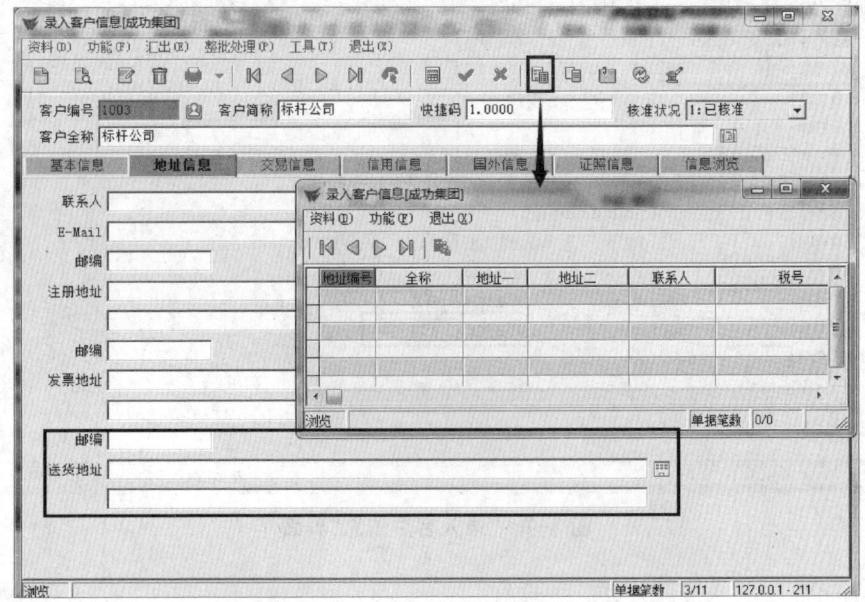

图 3-6 "录入客户信息"界面

【作业重点】

(1) 核准状况：设置当前客户的核准状况，设置选项包括已核准、尚待核准、不准交易。

(2) 总公司、总公司付款：当送货给各个运营网点，但是付款由总公司完成的时候设置此选项。各营业地点的客户信息中需指定"总公司"，并将"总公司付款"选项打钩。

(3) 交易对象分类方式：可将客户分别以6种不同的分类方式进行分类。例如，渠道属于量贩店类，地区属于华南区。

(4) 送货地址：设置客户的送货地址，后续在交易单据中可以直接带出这里的地址信息。

(5) 客户地址编号维护：可用于新增客户的其他地址。如图3-6所示。

(6) 定价顺序：用于客户订单、销货单（无订单来源）及销退单（无销货来源）的单价取价顺序，必须根据公司给予每位客户的售价基准而定。定价顺序如图3-7所示，定价顺序开窗信息如图3-8所示。

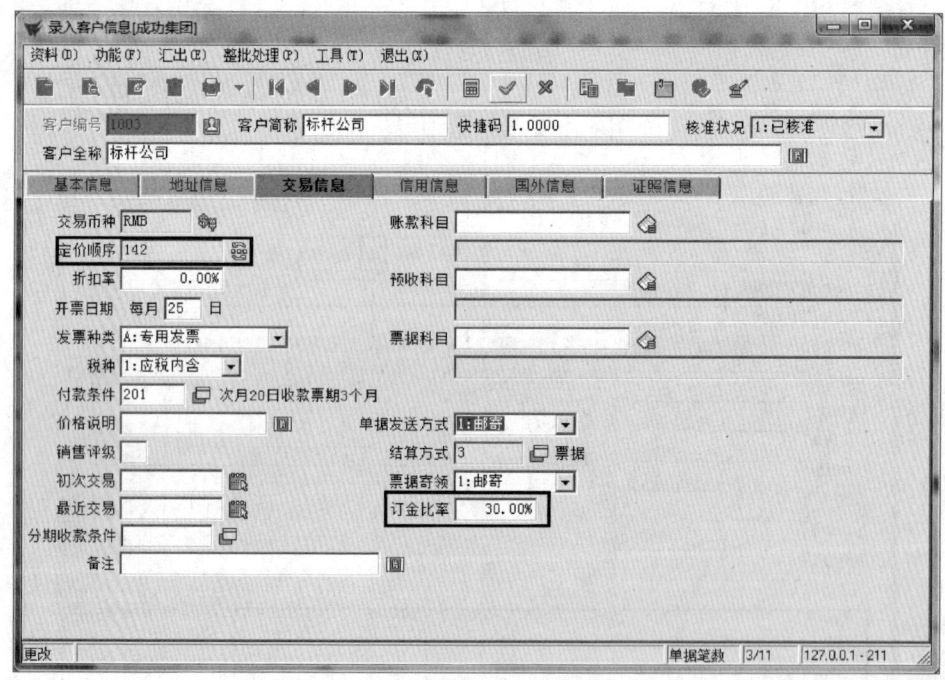

图3-7 "录入客户信息"界面

一般设定顺序多为折扣前计价单价→折扣前售价定价→折扣前标准售价,如果公司对每位客户售价基准一致,只需在品号信息中设定标准售价,取价顺序则为标准售价即可。

计价单价的价格设定在销售管理子系统中的录入客户商品价格中建立;计价单价、标准售价、零售价、售价定价一至六的定价在存货管理子系统中的"录入品号信息"中设定。

单价别	折扣前	折扣后
计价单价	1	A
标准售价	2	B
零售价	3	C
售价定价一	4	D
售价定价二	5	E
售价定价三	6	F
售价定价四	7	G
售价定价五	8	H
售价定价六	9	I

图 3-8 "录入客户信息"定价顺序开窗界面

(7) 订金比率:如果在订单的条款里,有要求客户单次下订单时,必须先支付一定比率的订金,那么在这个字段需要输入订金比率。后续下订单时,订单上的订金比率会自动默认为"录入客户信息"作业中设定的比率,并根据此比率自动计算预收定金。

(8) 信用额度控制如表 3-2 所示。

① 为了降低由客户应收账款积压造成的企业资产损失,目前企业的经营对客户都有信用额度控管。信用额度代表客户可以向企业赊购一定金额的货品。这些金额是在客户偿债能力范围,而且是企业可承担的风险范围内。一般的信用额度控制范围包含以下 4 项:应收票据金额、应收账款金额、销货金额、订单金额。

【例 3-1】 企业给某客户甲信用额度为 100 万元,可超出率为 10%,即可容许信用额度共有 110 万元,其信用额度情况如表 3-2 所示。

表 3-2 客户信用额度表

金额单位:万元

	实际金额	检查比例	信用额度	检查比率	信用额度
可允许信用额度	—	—	110	—	110
未出货订单金额	20	100%	20	60%	12
未开票销货金额	30	100%	30	100%	30
应收账款	20	100%	20	100%	20
未兑现应收票据	10	100%	10	30%	3
尚余信用额度	—	—	30	—	45

② 有 3 种方式:"Y:按公司参数控制""N:信用额度不控制"以及"y:按客户信息控制"。如图 3-9 所示。当设为"Y:按公司参数控制"时,系统按照"设置信用控制参数"控制信用额度。

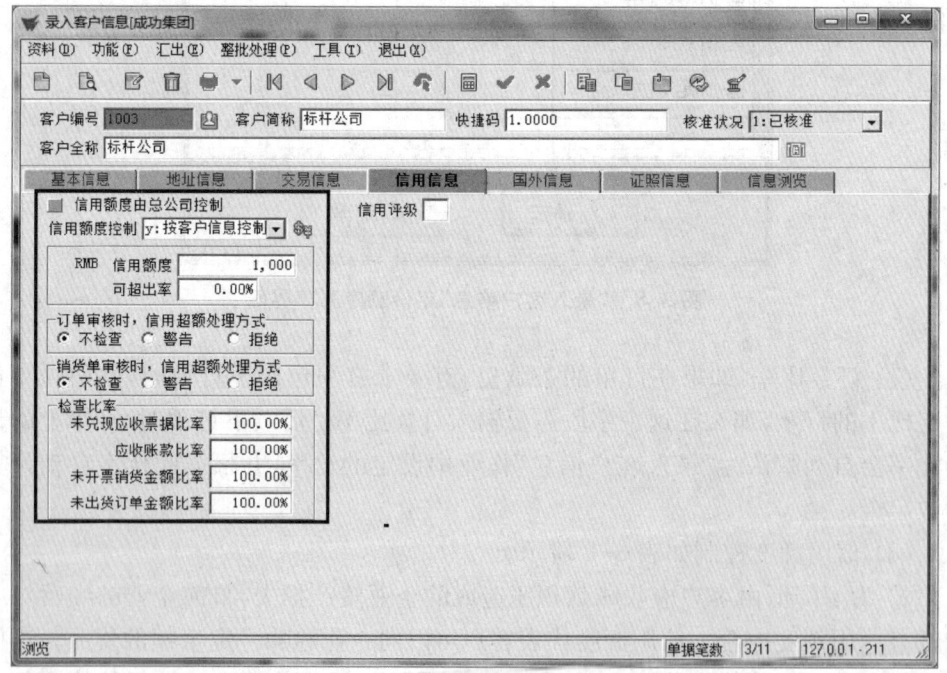

图 3-9 "录入客户信息"界面

3.2.3 录入品号信息(业务)

录入品号信息(业务)如图3-10所示。

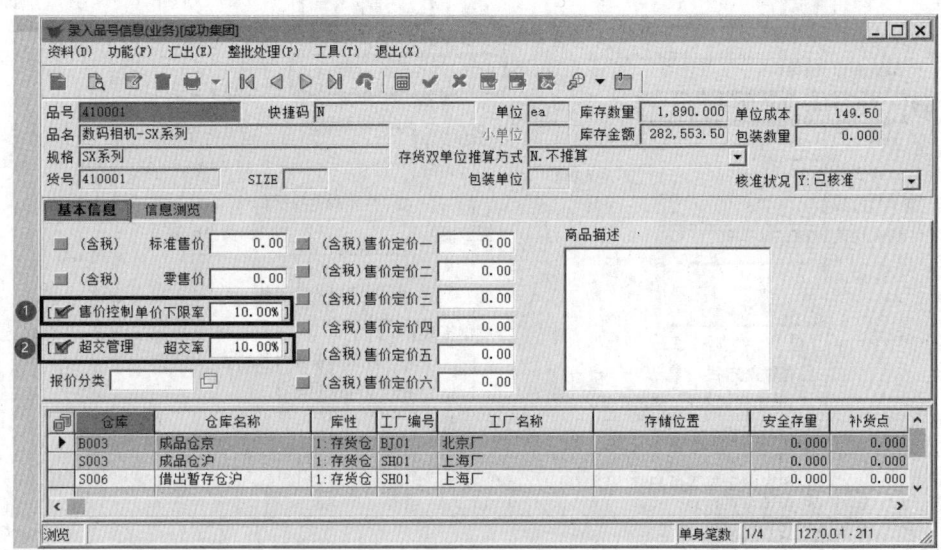

图3-10 "录入品号信息(业务)"界面

【作业重点】

(1) 售价控制/单价下限率:用于在用户输入售价时,控管可以超出定价的范围。系统可以根据每家客户在"录入客户信息"中设置的"取价顺序"作为基准或判断依据,来控管定价的范围。可以管控售价的单据有"录入客户订单"和"录入销货单"。

(2) 超交管理/超交率:当录入销货单时,管控输入的销货数量是否可以超过订单的数量,且按照超交率作销货数量上限的管控。

3.2.4 设置订单单据性质

设置订单单据性质时,应设置销售管理子系统所使用的交易单据及其编码方式、性质、签核格式等。日后交易单据上使用到该单别时,系统会默认单据性质里的相关设置。如图3-11所示。

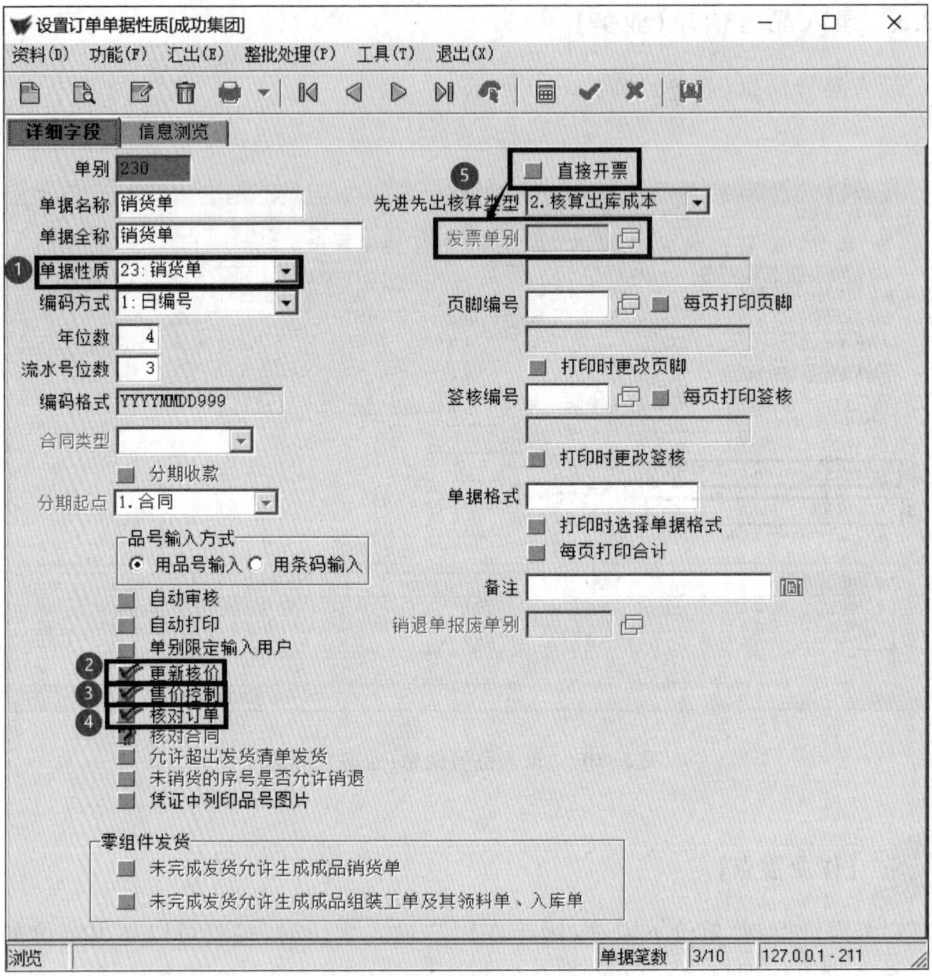

图 3-11 "设置订单单据性质"界面

【作业重点】

(1) 单据性质:共 8 种性质,如表 3-3 所示。

表 3-3 单据性质表

单据性质	更新核价	核对订单	直接开票	售价控制
21. 报价单※	V			
22. 客户订单※	V			V

(续表)

单据性质	更新核价	核对订单	直接开票	售价控制
25.出货通知单		V		V
23. 销货单※	V	V	V	V
24. 销退单※		V	V	V
27. 多角贸易订单	V			V
28. 多角贸易销货单	V	☆		V
29. 多角贸易销退单		☆		V

注：V 表示可按公司管理需求进行个别设定，☆表示必勾选，※为本课程重点。

(2) 更新核价：设定此单据是否可以更新"录入客户商品价格"。

易飞 ERP 系统为企业提供控管客户商品计价的功能，企业可将每一个客户的商品计价保存在"客户商品价格档"。这样，输入报价单、无报价的订单以及无原始订单的销货单时，其单价都可由"客户商品价格档"得来。

如果希望在日常修改这些单据的单价时，也能更新"客户商品价格档"，那么此字段也需勾选。

【例 3-2】 成功集团定价商品"数码相机—SX 系列"卖给"标杆公司"的单价是 6 千元，从 1 月 1 日开始生效。在 1 月 20 日，"标杆公司"又向成功集团下了一批订单购买"数码相机—SX 系列"，这次单价会由系统自动带出定价的 6 000 元，经过客户议价后，决议以 5 800 元成交。如果订单有"更新核价"，当订单审核时，就会更新一笔 5 800 元的数据到"录入客户商品价格"作业，下次"标杆公司"再向成功集团下单时，就用 5 800 元成交了，而不是 6 000 元，这就是"更新核价"的功能。

(3) 售价控制：勾选后，该单别启用售价控制功能。

(4) 核对订单：控管销货单和退货单必须输入订单单号。当企业是属于订单销货时，销货单应该核对订单作管控。当企业属于零售业，立即销货时，一般来说不需核对订单。当然如果两种销货形态都有时，建议分成两种销货单别，一种设置为"核对订单"；而另一种则设定为"不核对订单"。

(5) 直接开票：定义销货单及销退单产生发票的方式。勾选后，必须同时输入对应的"发票单别"。此时，若销货单审核，则立即产生一张对应的发票。这种情况适用于"随货附发票"的销货模式。若客户的账款采用月结制，则不属于直接开票的特性。

3.3 日常业务流程

3.3.1 报价流程

【目的】

企业向客户提供商品、数量和价格等信息，这个过程可以通过报价单记录下来。销售报价不是必须的销售环节，依企业实际业务需求而定。

【业务场景】

1月5日，客户标杆公司的采购部王小芬来电，想要购买"数码相机—SX系列"，数量为100 ea，与成功集团业务部张明达一番议价后，最后以零售价的八五折成交。

【操作步骤】

步骤一：从系统主界面执行"销售管理子系统"|"录入报价单"作业，进入"录入报价单"开始新增单据信息。如图3-12所示。

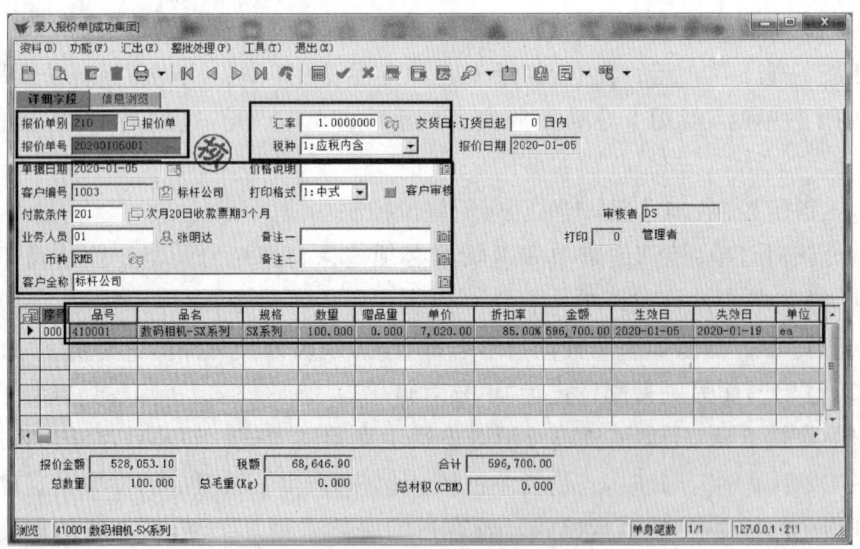

图3-12 "录入报价单"界面

【作业重点】

（1）输入报价单信息：在"报价单别"字段输入"报价单"的单别，也可 F2 键开窗选择。输入后，系统会根据该单别的单据性质设置显示出单号。

（2）单据日期默认当前日期，也可根据实际情况修改。开窗选择客户编号，选择客户编号后，系统会按照客户信息的设定自动带出业务人员、币种、税种、付款条件等资料。自动带出的数据若有需要，可再进行修改。

（3）接下来在单身输入客户要求报价的品号、品名、数量、赠品量、该价格的生效日和失效日等信息。交易单价及金额，会按照客户信息所设定的"取价顺序"带出，若有需要时，可再进行修改。

步骤二：报价单数据输入完毕后，将报价单保存、审核。如图 3-13 所示。

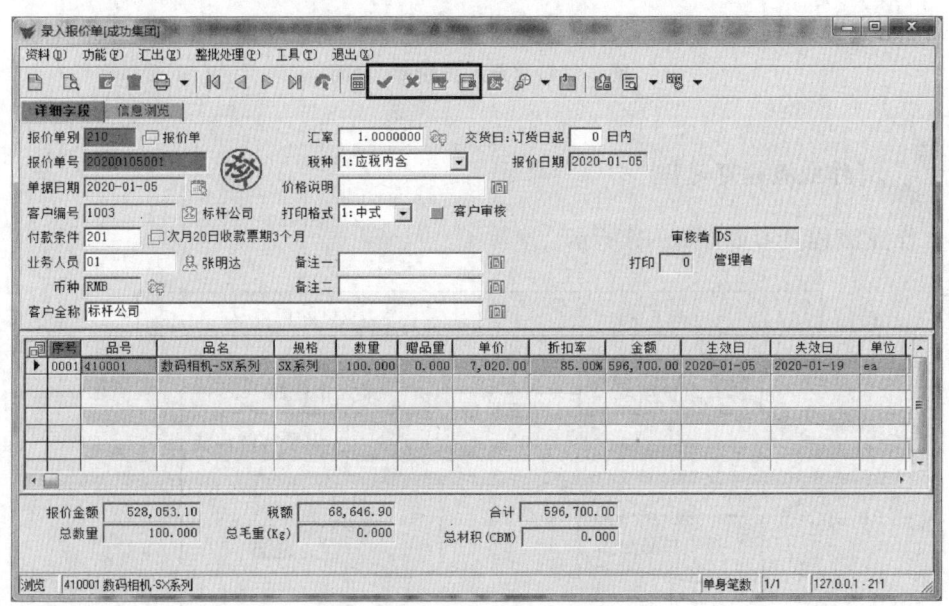

图 3-13 "录入报价单"界面

步骤三：当客户确定此报价没问题时，执行客户审核。如图 3-14 所示。

【作业重点】

执行客户审核之后，单头"客户审核"的选项就会勾选。

注：未经客户审核的报价单，不得转为正式的"客户订单"或"销货单"。

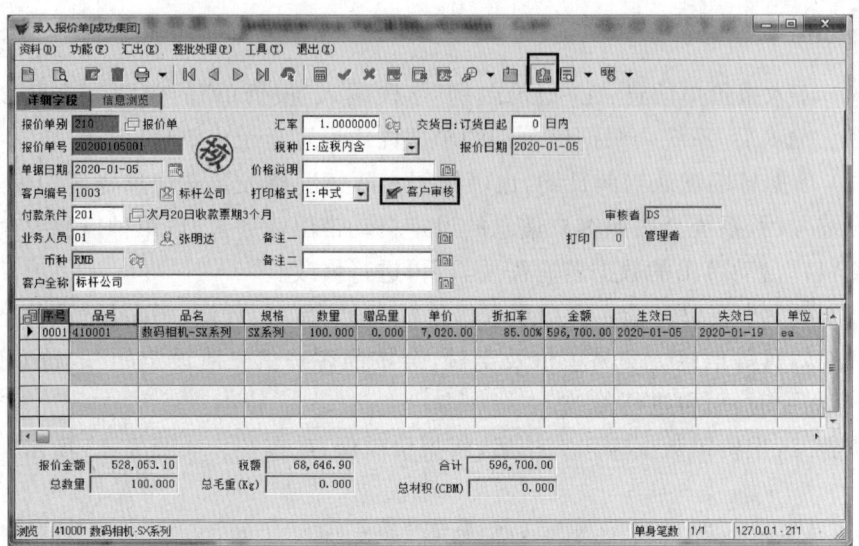

图 3-14 "录入报价单"界面

【作业流程复习】

作业流程复习如图 3-15 所示。

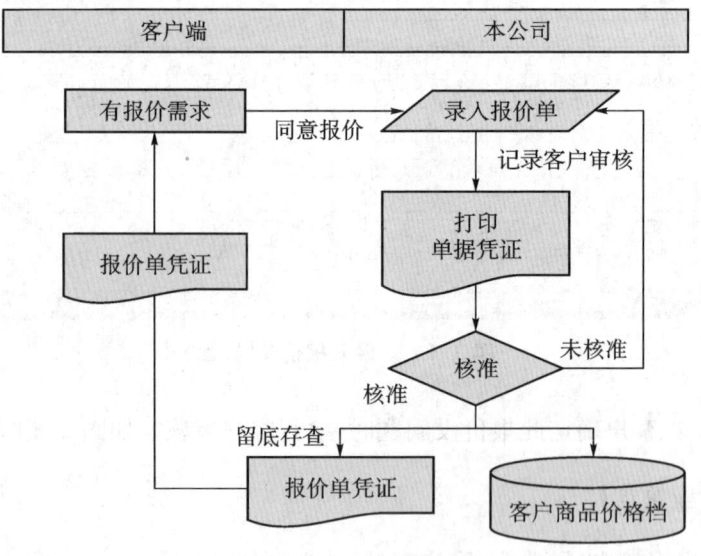

图 3-15 客户报价流程图

3.3.2 接单流程

【目的】

企业和客户双方确认要货的需求,可以通过销售订单记录下来。销售订单可以视作同企业的销售合同,也可以作为订货的协议。企业将根据销售订单组织货源,对订单的执行进行管控。销售订单不是销售的必须环节,如果为流通买卖行业,可以略过销售订单,直接录入销货单。

【业务场景】

1月7日,客户标杆公司采购部王小芬来电通知,确定发正式采购单购买"数码相机—SX系列",数量为100 ea,同时客户希望能在1月14日交货。

成功集团业务部门人员将此订单信息输入于易飞ERP系统"录入客户订单",步骤及说明如下。

【操作步骤】

步骤一:从系统主界面执行"销售管理子系统"|"录入客户订单"作业,进入"录入客户订单"开始新增单据信息。如图3-16所示。

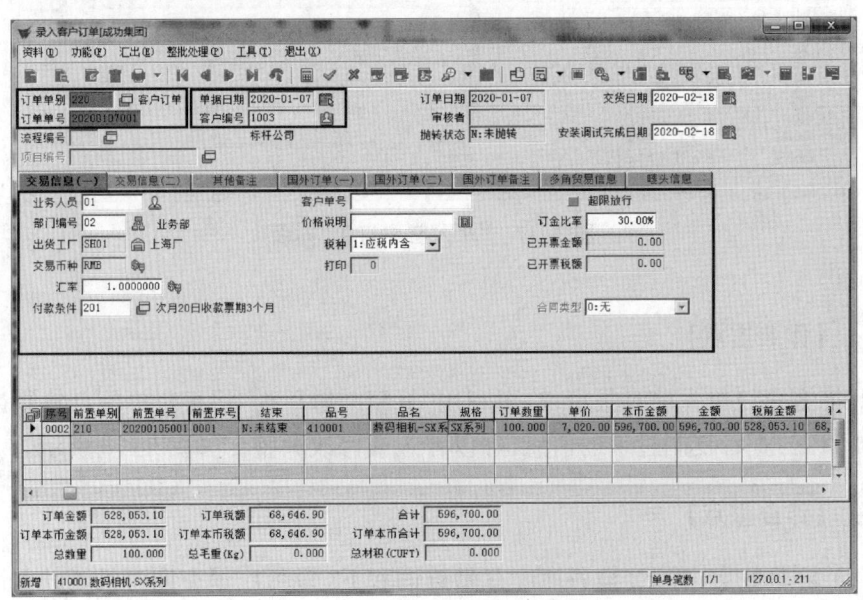

图3-16 "录入客户订单"界面

【作业重点】

(1) 在"订单单别"字段输入"客户订单"的单别,也可 F2 键开窗选择。输入后,系统会根据该单别的单据性质设置显示出单号。

(2) 单据日期默认当前日期,也可根据实际情况修改。开窗选择客户编号,选择客户信息后,系统按照客户基本信息的设定自动带出部门编号、业务员、交易币种、税种、付款条件等资料。若此笔订单为外币交易,系统会默认"银行买进汇率"。带出的信息,若有需要修改,可再进行修改。

步骤二:复制前置报价单。如图 3-17 所示。

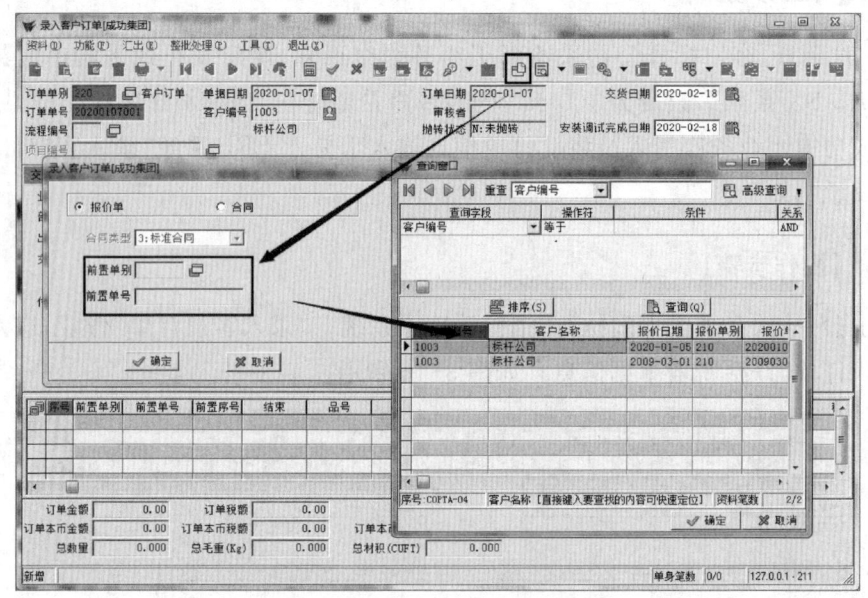

图 3-17 "录入客户订单"界面

【作业重点】

此笔客户订单先前有报价单,可利用"复制前置单据"将报价单信息复制过来。

步骤三:查看复制过来的信息,加以补入或修改调整。如图 3-18 所示。

【作业重点】

(1) 订单数量:有 F2 键各库库存量查询和 F3 键可用量查询可供辅助查询。

单价:会通过"复制前置单据"功能自动带入单价,或者按照客户信息中所设定

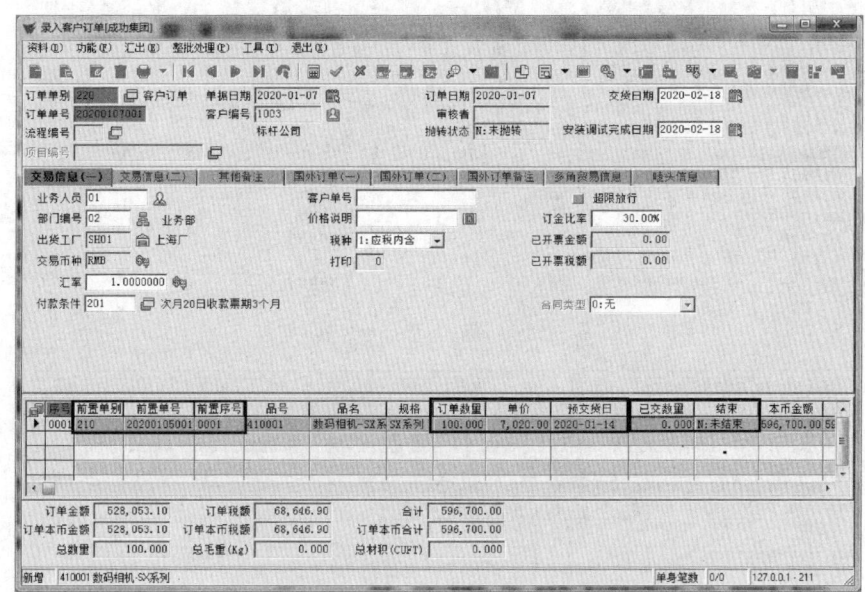

图 3-18 "录入客户订单"界面

的"取价顺序"自动带出,也可用 F2 键客户商品计价查询、F3 键历史价格查询来辅助查询。

预交货日:此订单预计交货的日期。

(2)已交数量:由销货单或销退单回写,或通过单头工具栏的"输入已交数量"来填写。

结束:分为 3 种情况,"N:未结束"表示尚未全数交货,"Y:自动结束"表示已全数交货,"y:指定结束"表示未全数交货,但剩余未交货的部分不会交货了,必须做指定结束的动作(指定结束动作也可通过"录入订单变更单"或"结束订单"作业来执行)。

(3)因为此订单是由报价单复制而来,所以前置单别、单号、序号会对应报价单别、单号、序号,或者也可以运用 F2 键客户报价单信息查询,开窗选择客户之前的报价单。

步骤四:检查无误后,保存审核。审核后画面会出现"核"字,此张单据才生效。如图 3-19 所示。

【作业流程复习】

作业流程复习如图 3-20 所示。

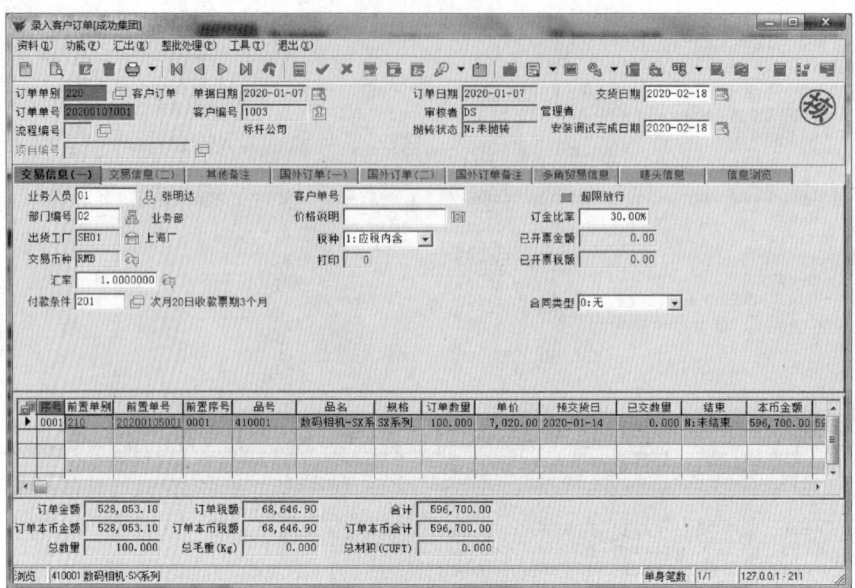

图 3-19 "录入客户订单"界面

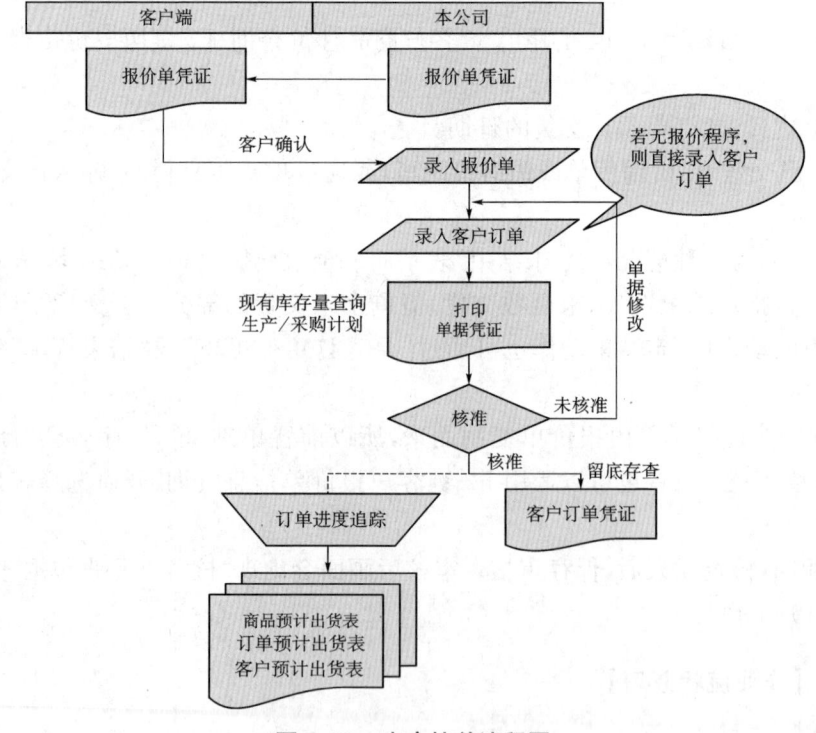

图 3-20 客户接单流程图

3.3.3 订单变更流程

【目的】

当已经审核确认的销售订单发生变更需求时,为了记录变更的历史和保留变更前后的原始信息,可以通过订单变更单来管理。同时将变更单打印出来转交给相关部门,便于协调后续的备料及生产。

【业务场景】

标杆公司表示 1 月 9 日的订单要追加购买 50 ea"数码相机—SX 系列",连同之前订货的 100 ea,共计 150 ea。另外,还要加订"数码相机—SL 系列"20 ea,单价为 5 000 元。

【操作步骤】

步骤一:从系统主界面执行"销售管理子系统"|"录入订单变更单"作业,进入"录入订单变更单",选择要变更的客户订单。如图 3-21 所示。

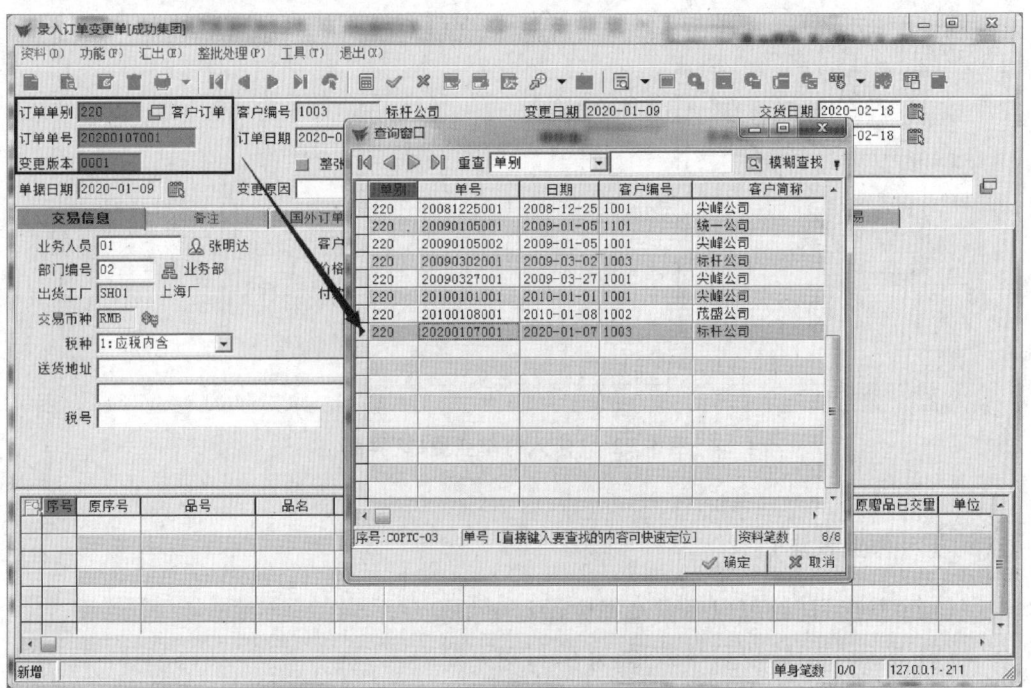

图 3-21 "录入订单变更单"界面

【作业重点】

(1) 在"订单单别"字段按 F2 键开窗,选择要变更的订单,选择后按确定,系统会将原始订单单头的信息带进订单变更单单头。

(2) 变更版本:自动显示此为第几版的变更,每变更一次,"变更版本"就会加"1",版次的编号原则为 0001~9999,单号最多可变更 9 999 次。

注:前一个版本的变更未完成审核,不得进行下一个版本的变更。例如,"0002"的变更版本是以"0001"的"变更版本"为基础作变更的。当同一张订单有较大版次的变更单时,不可撤销作废或撤销审核较小版次的变更单。

步骤二:选择要更改的订单信息,选择后再对需要变更的信息做修改。如图 3-22 和图 3-23 所示。

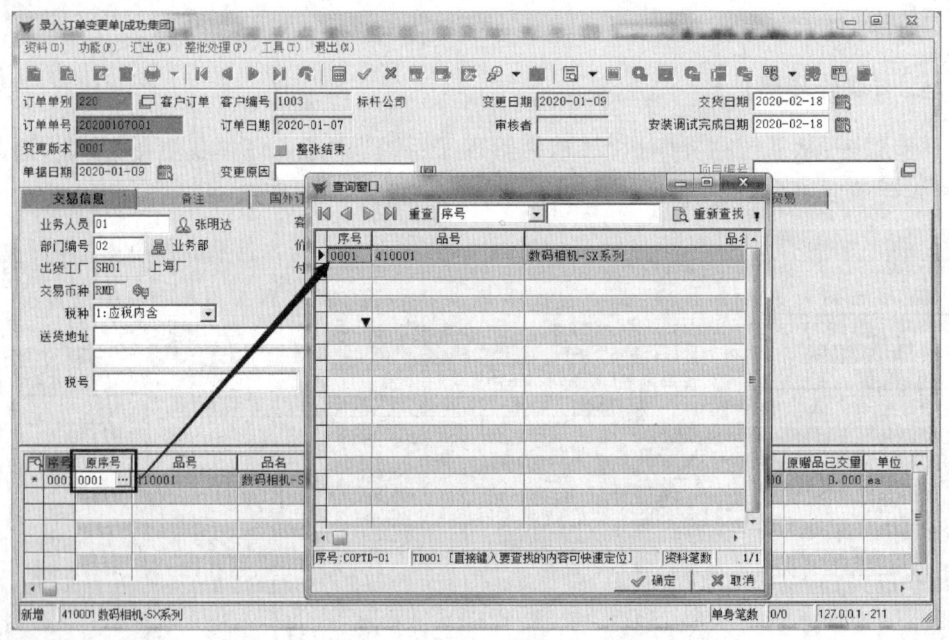

图 3-22 "录入订单变更单"界面

【作业重点】

(1) "原序号"处可以开窗选择原始订单信息。

(2) 按照要求修改订单数量,并填写变更原因。

步骤三:新增追加订购的商品信息。如图 3-24 所示。

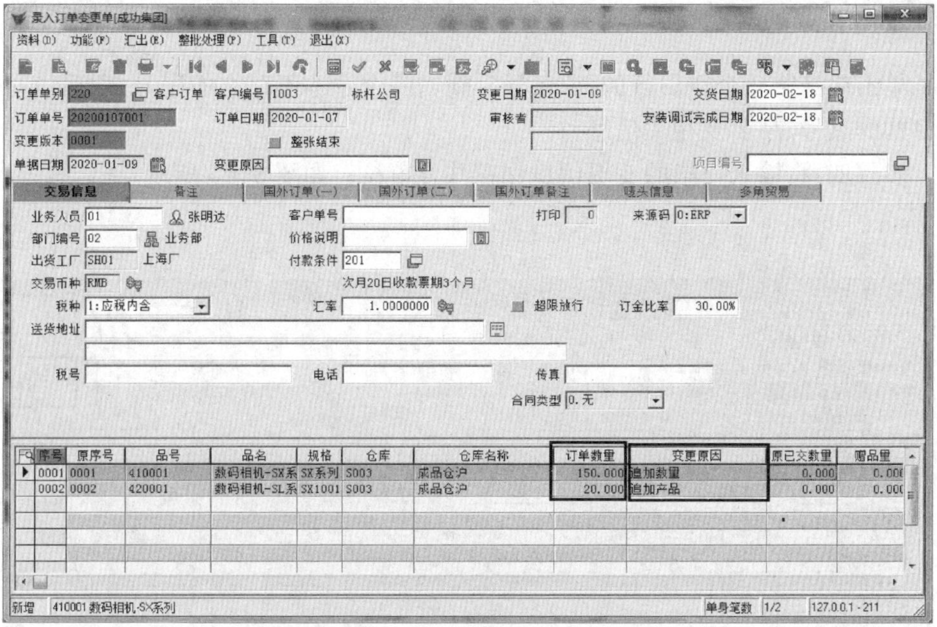

图 3-23 "录入订单变更单"界面

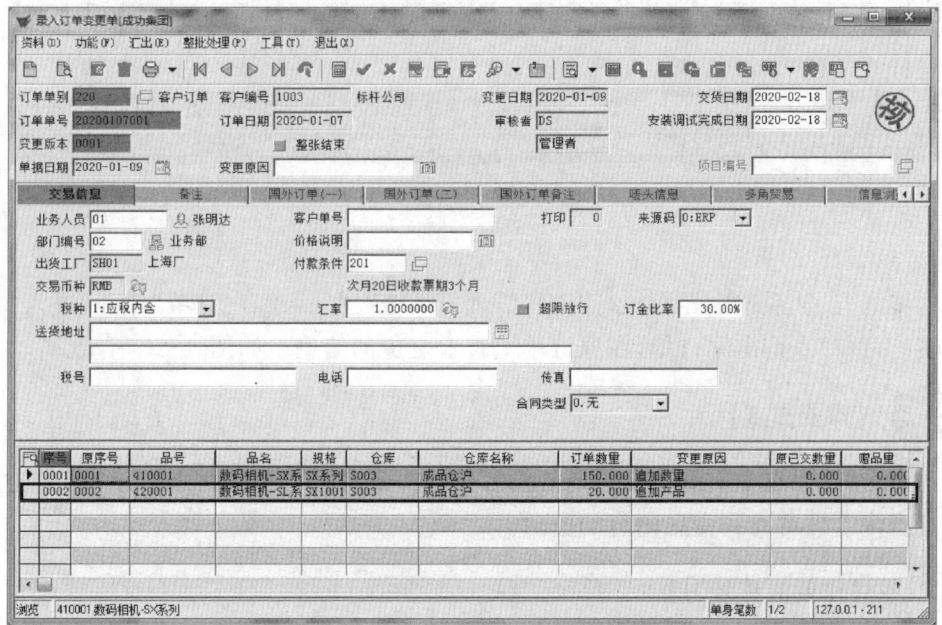

图 3-24 "录入订单变更单"界面

【作业重点】

单击单身第一个空白行的"原序号",新增一个原本不存在的序号,之后填写追加订购的品号、品名及相关信息。

步骤四:将输入完毕的变更信息保存并且审核。如图 3-25 所示。

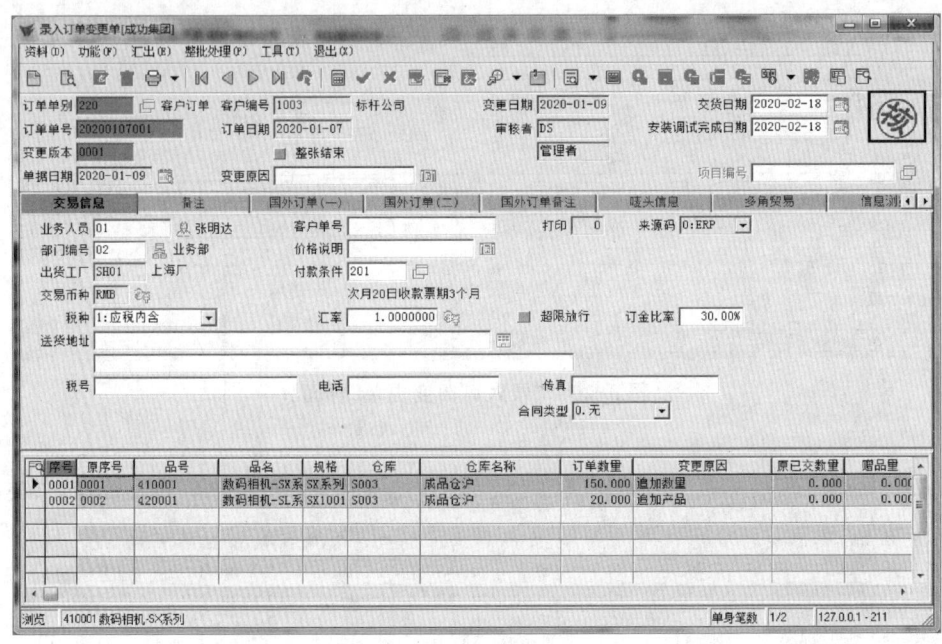

图 3-25 "录入订单变更单"界面

步骤五:从系统主界面执行"销售管理子系统"|"录入客户订单"作业,进入"录入客户订单"查询出原订单,在原订单上查看变更的信息。如图 3-26 所示。

【作业重点】

查看方式:选中要查看变更内容的那笔单身信息,单击"资料查询"|"历史变更信息查询",即可看到变更内容的窗口。

【作业流程复习】

作业流程复习如图 3-27 所示。

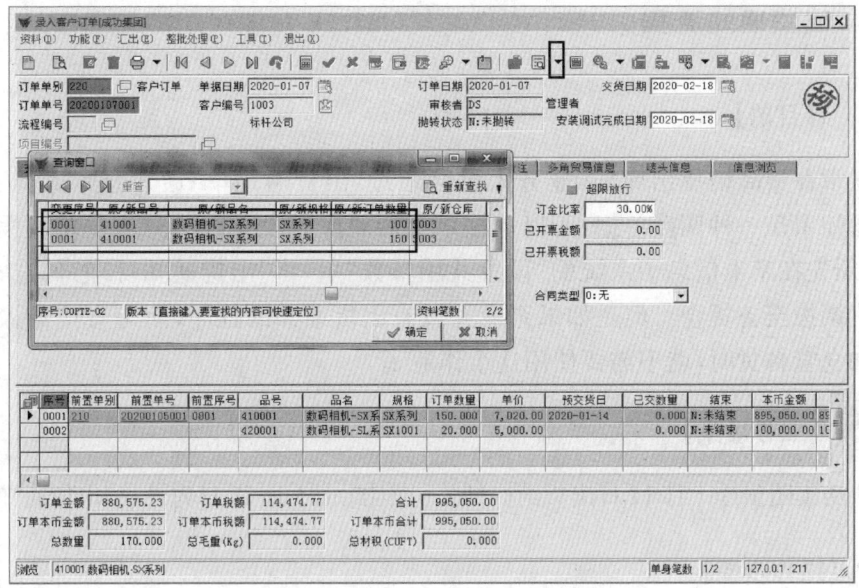

图 3-26 "录入客户订单"界面

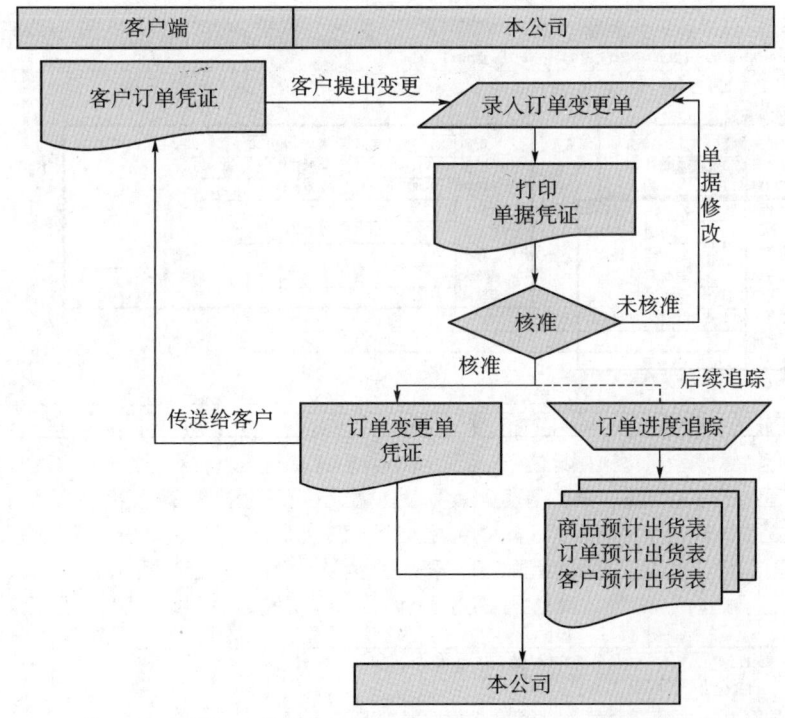

图 3-27 订单变更流程图

3.3.4 出货通知流程

【目的】

通常在货品销货出库前,业务人员会通过"出货通知单"通知仓库人员备货。出货通知单是一种调拨单据,所以单据审核后对库存没有影响。至于要调拨到哪里,必须先在基本信息子系统的"设置共用参数"里,将"出货通知管理"勾选,并设置存货调拨至备货仓。但是如果企业并没有出货通知的程序,而是直接录入销货单通知仓管备货时,就不需要使用这个作业了。

【业务场景】

成功集团预计1月14日出货给标杆公司,因此于1月13日先录入"出货通知单"。

【操作步骤】

步骤一:从作业菜单执行"销售管理子系统"|"销售管理"|"录入出货通知单"作业,进入"录入出货通知单"开始新增单据信息。如图3-28所示。

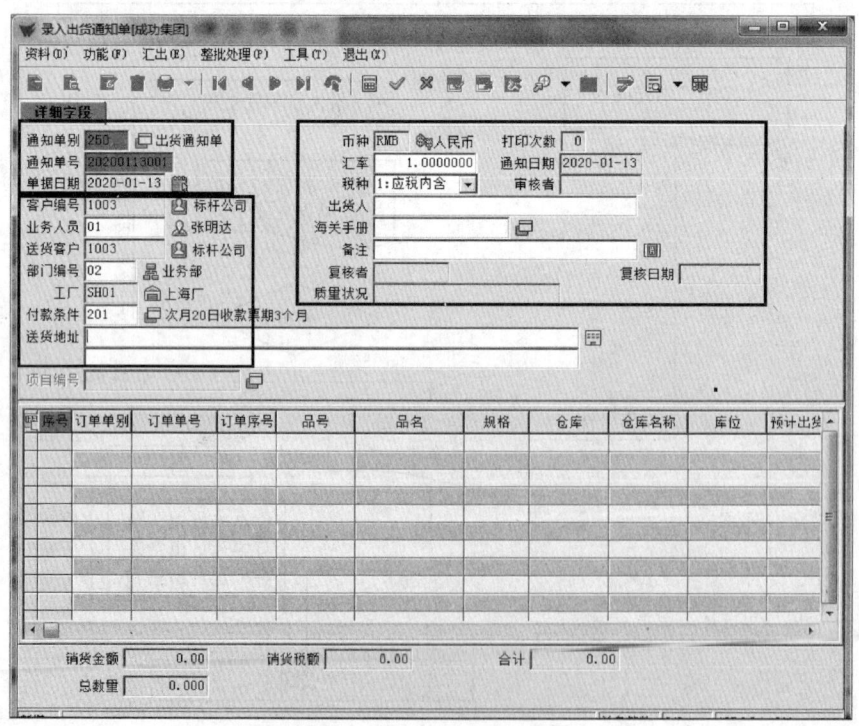

图3-28 "录入出货通知单"界面

【作业重点】

(1) 在"通知单别"字段按 F2 键开窗,选择要使用的出货通知单单别,系统会根据该单别的单据性质设置显示出单号。

(2) 单据日期默认当前日期,也可根据实际情况修改。

(3) 开窗选择客户编号,输入客户编号后,系统按照客户基本信息的设定自动带出业务人员、送货客户、部门编号、工厂、付款条件等资料。因为有时客户的地址和送货地址会不一样,所以这里做了区分。其他带出的信息,若有需要,也可再进行修改。

步骤二:单身选择要做出货通知的订单。如图 3-29 所示。

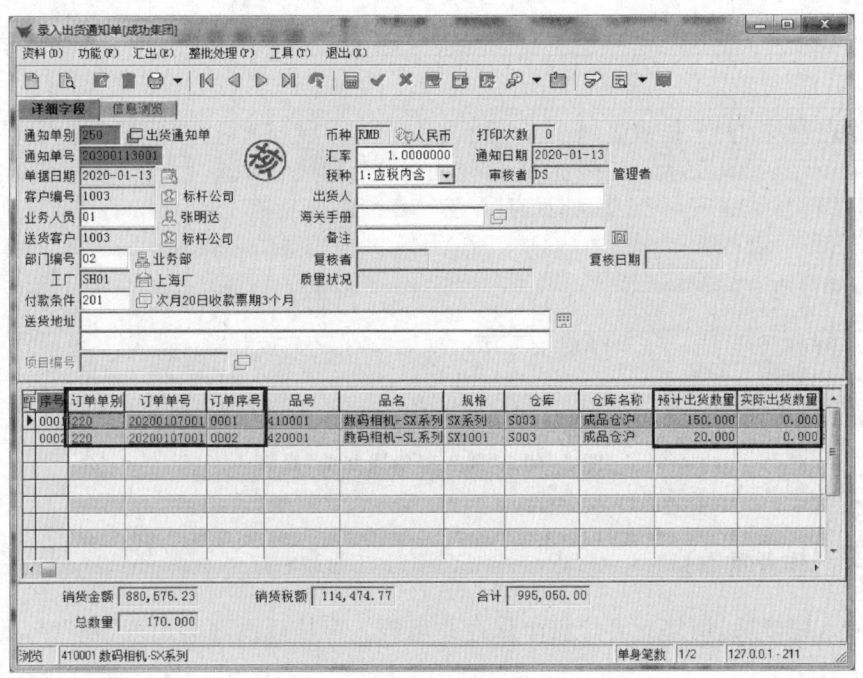

图 3-29 "录入出货通知单"界面

【作业重点】

(1) 在单身的"订单单别"处 F2 键开窗,选择要做出货通知的订单单别、单号和序号。

(2) 预计出货数量:默认抓取订单上的"未交数量",也可以根据需要更改为这次预计出货的数量。

实际出货数量:对应销货单的累计销货数量,不可手工修改。

步骤三:保存审核及复核产品质量。如图3-30所示。

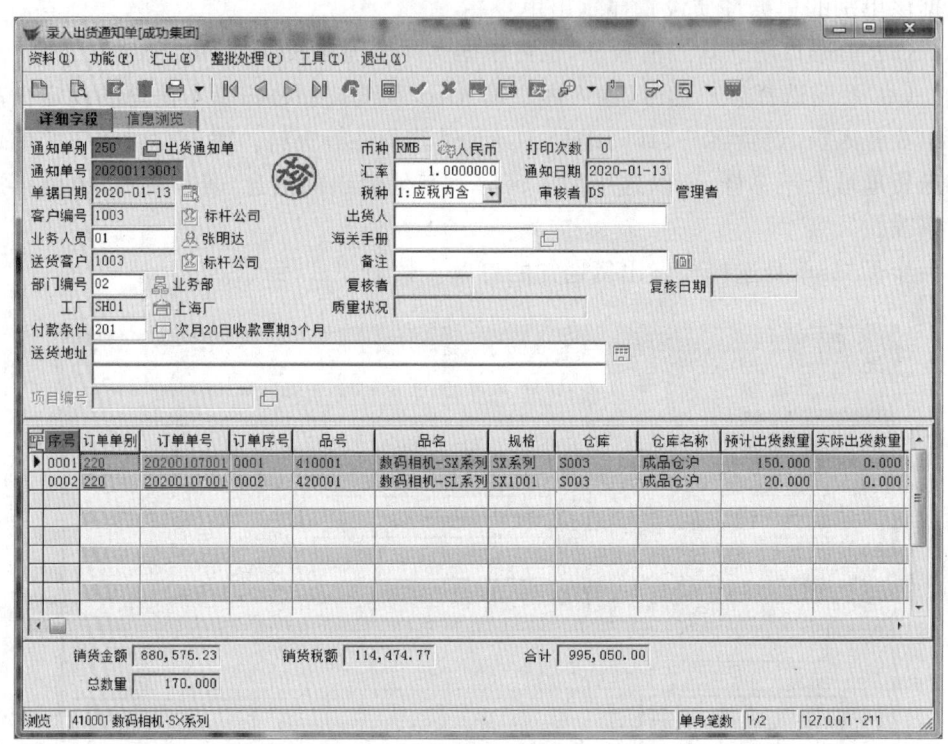

图3-30 "录入出货通知单"界面

【作业重点】

输入完毕后,请将此客户订单保存并审核。审核后画面会出现"核"字,此张单据才生效。

如果在出货通知单审核之后还需要复核产品质量。则可以单击工具栏上面的"出货复核/撤销出货复核"按钮,系统会弹出一个对话窗口。输入复核日期和质量状况后单击"确定"即可。

注:经过复核的出货通知单是不可以撤销审核的。

【作业流程复习】

作业流程复习如图3-31所示。

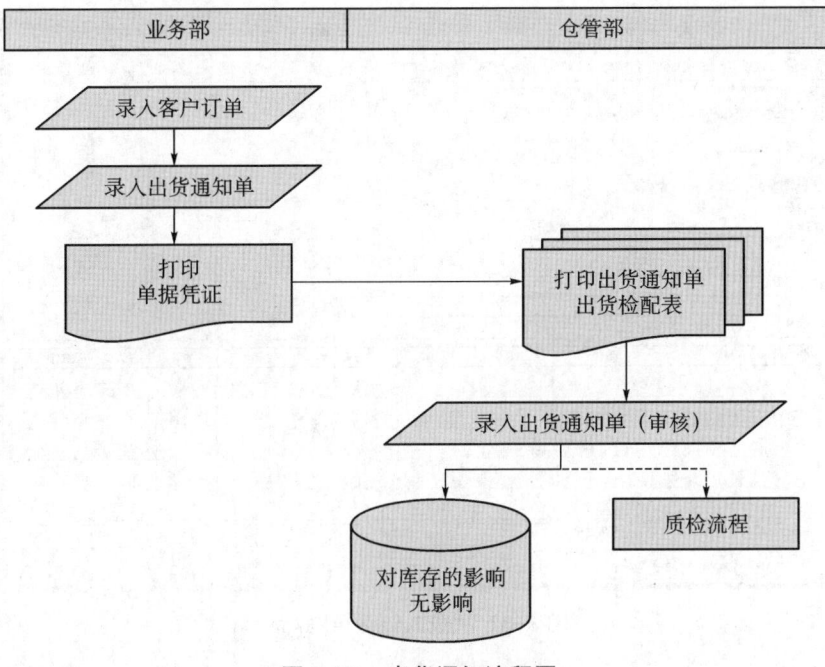

图 3-31　出货通知流程图

3.3.5　销货流程

【目的】

当商品正式出库给客户时,可以通过销货单记录出货信息。仓管人员将销货单审核后,表示商品已从仓库出货,将减少库存数量。

【业务场景】

1 月 14 日下午,成功集团准备录入销货单正式出货。

【操作步骤】

步骤一:从系统主界面执行"销售管理子系统"|"录入销货单"作业,进入"录入销货单"开始新增销货单信息。如图 3-32 所示。

【作业重点】

(1) 输入销货单别、单据日期、客户编号等,这些都可利用 F2 键开窗查询选

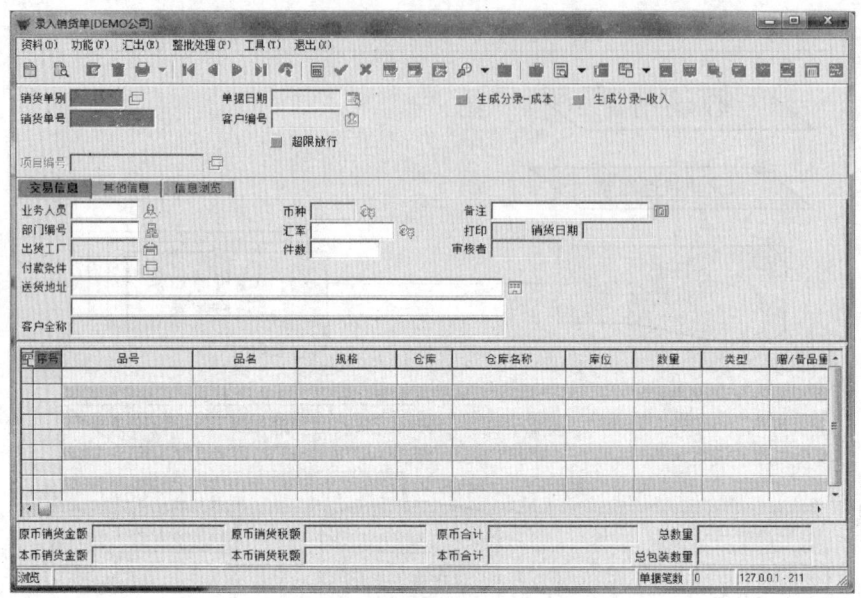

图 3-32 "录入销货单"界面

择。输入销货单别,系统会根据该单别单据性质的设定给予单号。输入客户编号后,会按照客户信息的设定自动带出部门编号、业务人员、付款条件、币种、汇率等信息。如图 3-33 所示。

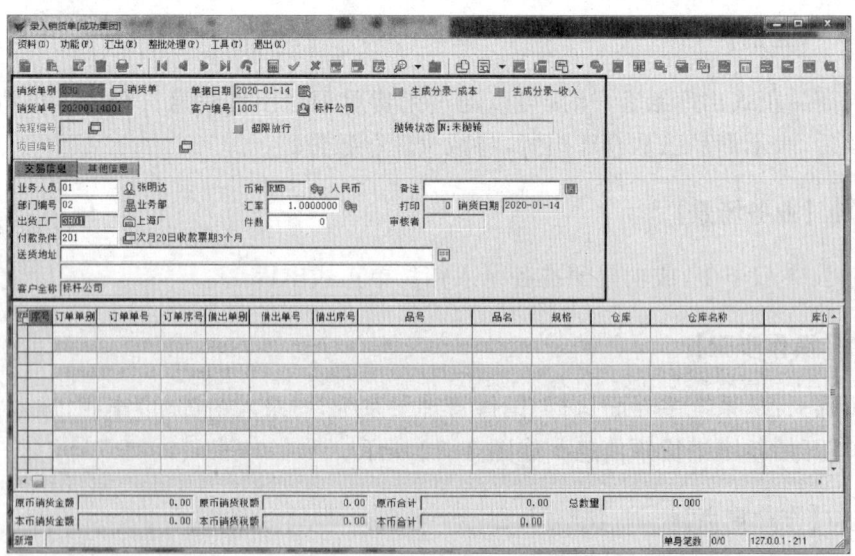

图 3-33 "录入销货单"界面

(2) 由于已经有了"出货通知单",所以可以利用工具栏上"复制前置单据"按钮,来协助信息的输入,它会将出货通知单的内容复制到销货单,包括品号、数量、价格等,复制完成后,再对自动带出的信息进行检查或修改调整的动作。如图 3-34 所示。

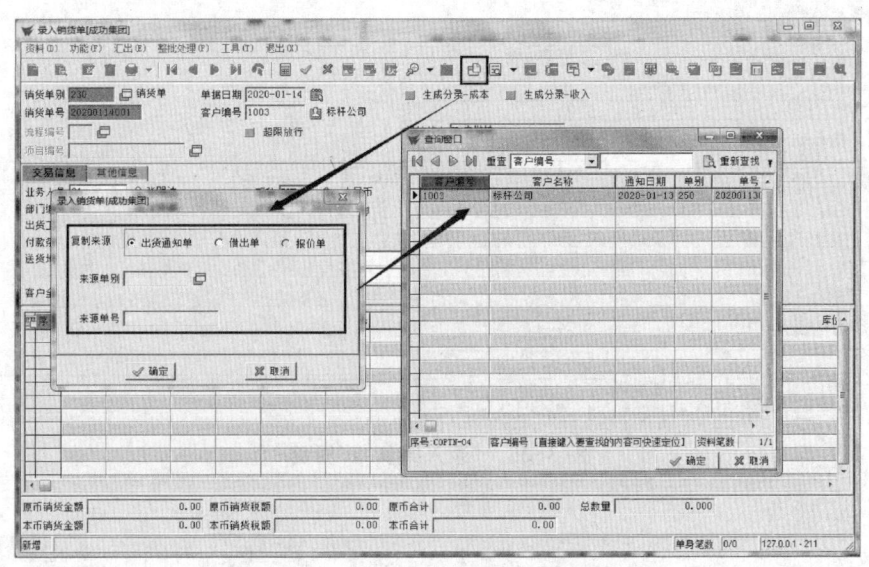

图 3-34 "录入销货单"界面

(3) 利用"复制前置单据"功能可使单身的销货信息由系统自动带出,带出后需要查看是否无误。

(4) 单身的"出货通知单单别—单号—序号"的作用,一方面,可以表明此笔销货所对应的出货通知单是哪一张;另一方面,还可以将销货数量的信息回写到该出货通知单中的"实际出货数量"。

(5) 记录已开票的数量如图 3-35 所示。

步骤二:保存单据后查看无误即可送交审核人员审核。审核后,存货的库存量便会减少。如图 3-36 至图 3-38 所示。

【作业重点】

(1) 出货通知单中的"实际出货数量"更新为销货单的累计销货数量。如图 3-37 所示。

(2) 客户订单中的"已交数量"更新为销货单的累计销货数量。如图 3-38 所示。

图 3-35 "录入销货单"界面

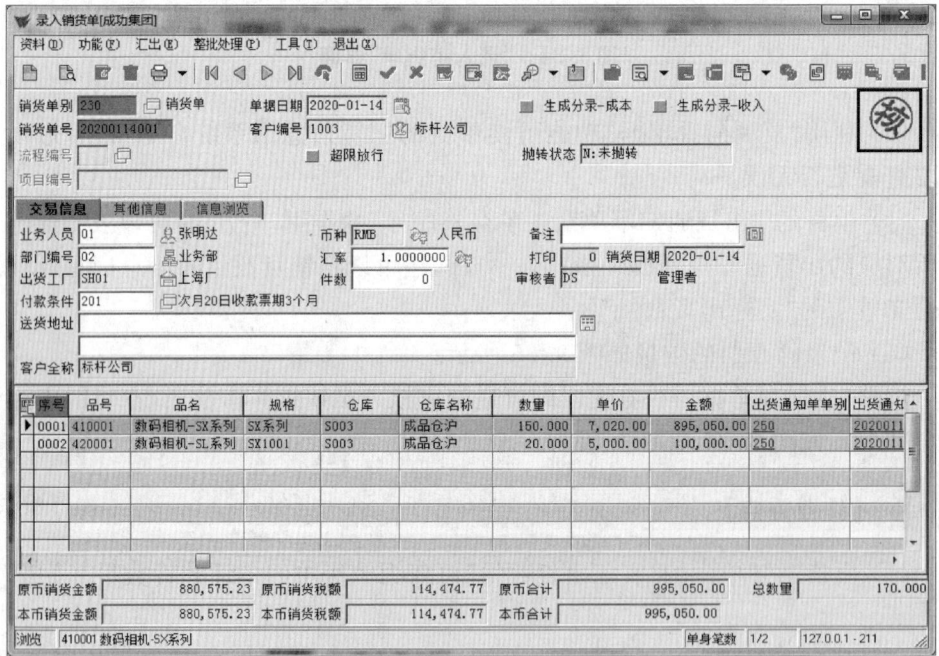

图 3-36 "录入销货单"界面

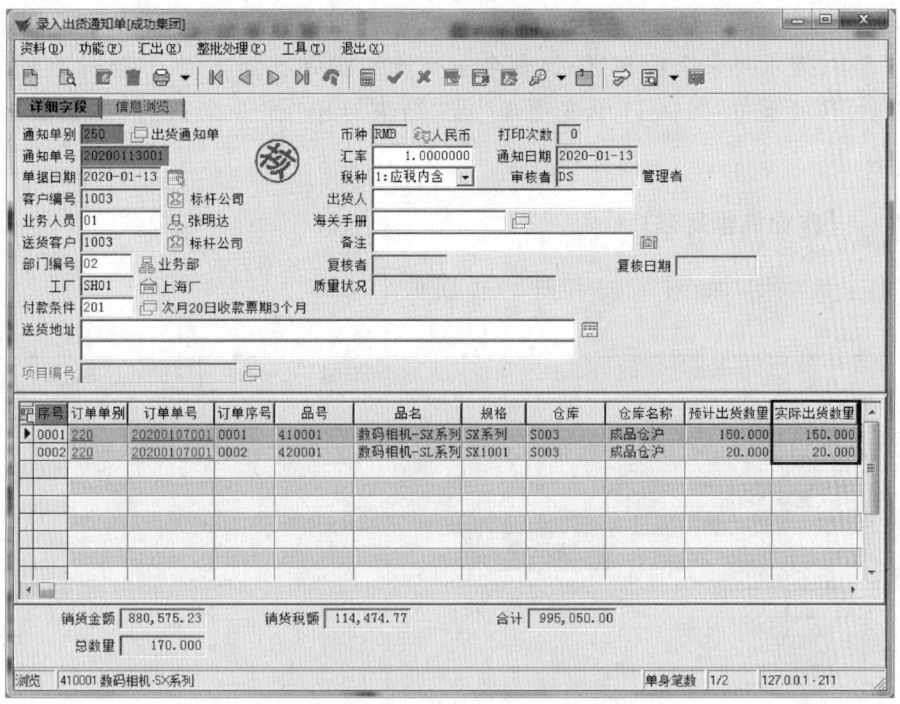

图 3-37 "录入出货通知单"界面

图 3-38 "录入客户订单"界面

（3）结束：N：未结束，表示尚未全数交货；Y：自动结束，表示已全数交货；y：指定结束，表示尚未全数交货，但剩余未交货的部分不会交货了，必须做指定结束的动作（可通过"录入订单变更单"或"结束订单"作业来执行）。如图 3-38 所示。

【作业流程复习】

作业流程复习如图 3-39 和图 3-40 所示。

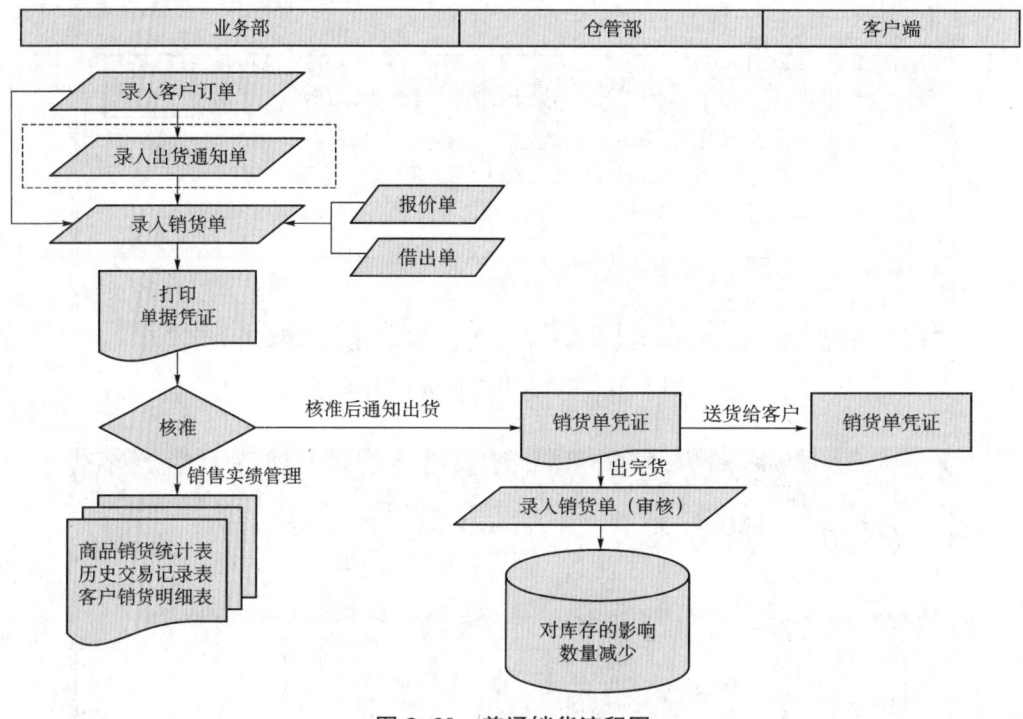

图 3-39　普通销货流程图

3.3.6　销货退回流程

【目的】

通过"录入销退单"记录客户的退货及折让信息。产品确定退回，使用销退单记录退回商品信息。产品不退回，而以金额折让方式，则做销退折让单，这种单据只牵涉到金额的折减，并不会影响库存数量的增减。

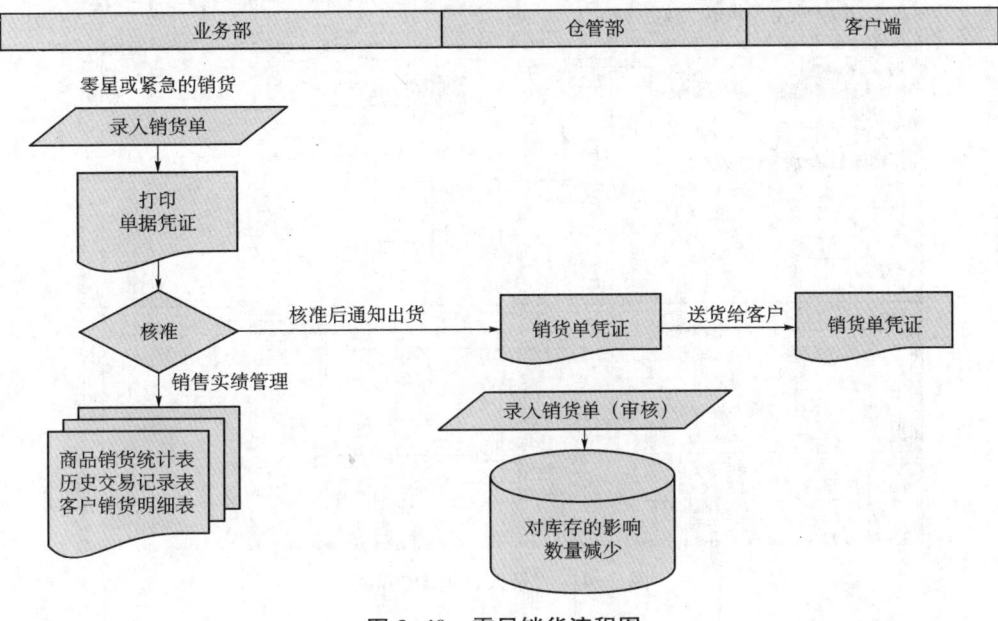

图 3-40 零星销货流程图

 【业务场景】

1月16日上午,标杆公司发现 2 ea"数码相机—SX 系列"有瑕疵,即将其退回,并请成功集团再补货 2 ea。业务部张明达将这个信息告知经理后,经理同意客户换货。

 【操作步骤】

步骤一:从系统主界面执行"销售管理子系统"|"录入销退单"作业,进入"录入销退单"开始新增销退单信息。如图 3-41 所示。

【作业重点】

(1)在"销退单别"字段输入单别编号,也可利用 F2 键开窗选择(由于公司可能会将销货退回和销货折让分为不同的单别,所以选择时要注意)。选好后,系统会根据该单别单据性质的设置进行编号。输入单据日期、客户编号,也可开窗选择。

(2)输入客户后,会按照客户信息的设置自动带出币种、付款条件、税种等信息,请检查这些信息的正确性。尤其,当销退单必须对应原始销货单时,这些信息必须与原始销货单相符合。

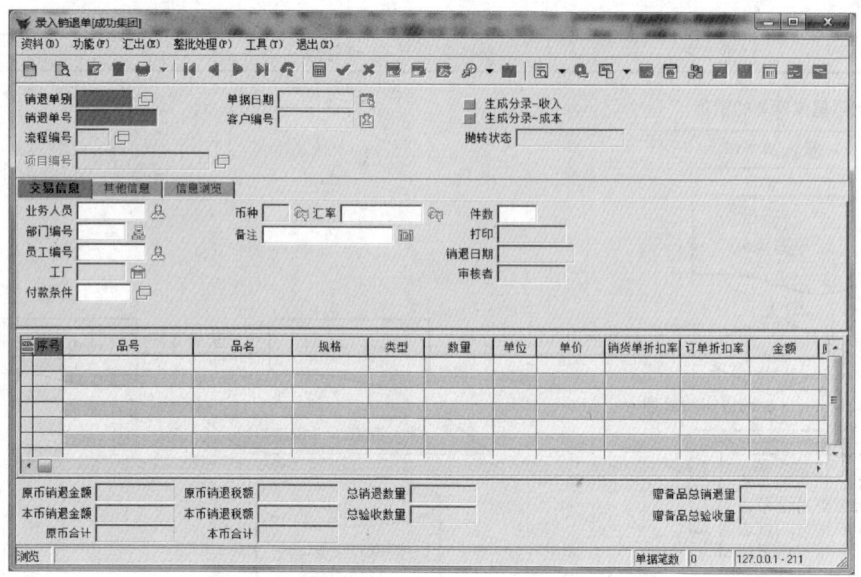

图 3-41 "录入销退单"界面

（3）单身品号字段的输入提供 4 种辅助功能键，包括 F2 键品号信息查询、F3 键客户计价信息查询、F4 键销货单信息查询、F11 键品号属性查询。利用 F4 键选择销货信息，系统会自动将销货单的内容复制过来，再加以修改部分信息就可以了。如图 3-42 所示。

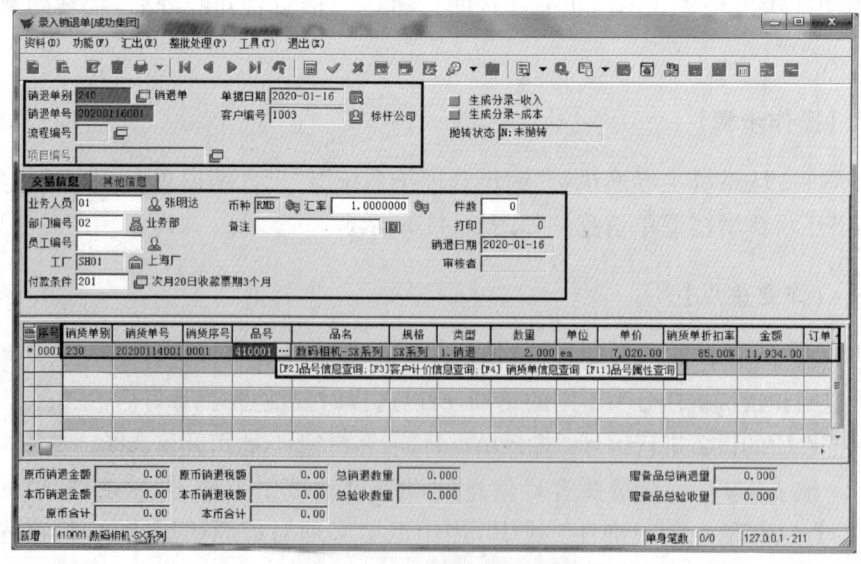

图 3-42 "录入销退单"界面

(4) 可以输入"销货单别—单号—序号""订单单别—单号—序号"以便对应。若有输入"订单单别—单号—序号",系统会将销退数量的信息;回写至该订单的"已交数量";若有输入"销货单别—单号—序号",销退数量不可大于销货数量。

(5) 销退单上的类型有"销退"与"折让",销退是指客户有将货品退回,会影响库存数量的增减;折让是指针对金额上面的折减,不影响库存数量的增减。如图 3-43 所示。

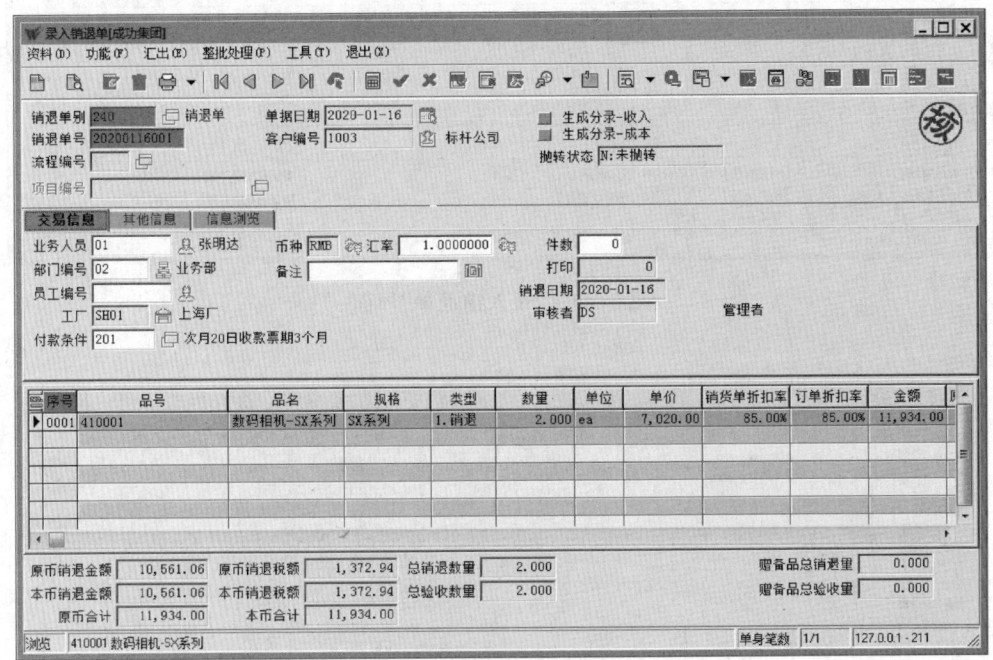

图 3-43 "录入销退单"界面

(6) "开票码"是指当此笔销退信息,开完发票之后,系统会自动将"开票码"打勾。如图 3-44 和图 3-45 所示。

步骤二:销退单输入完毕后保存、审核。

【作业重点】

销退单审核后,客户订单中的"已交数量"减少相应数量。

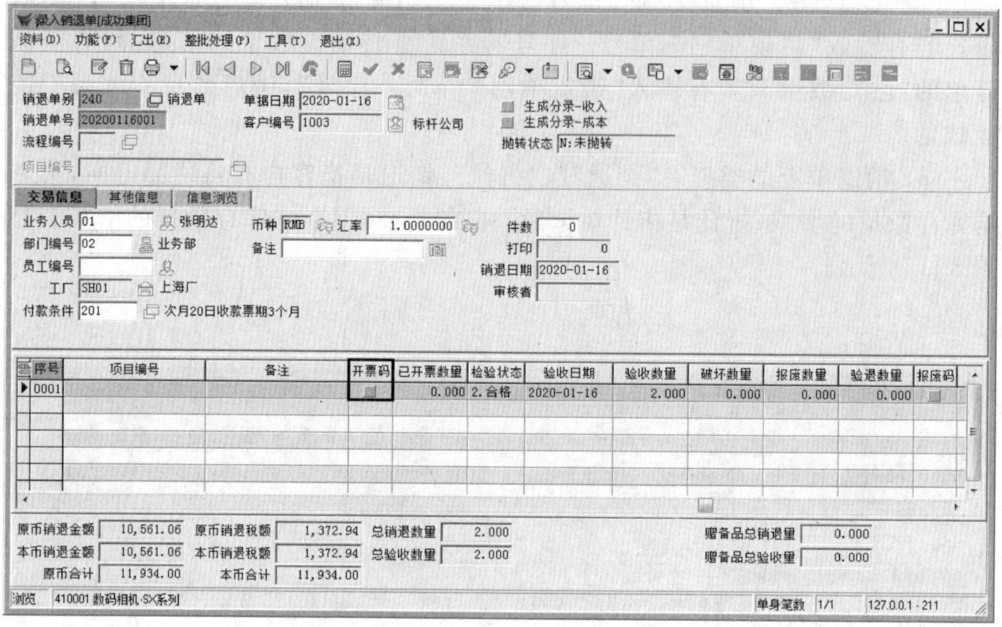

图 3-44 "录入销退单"界面

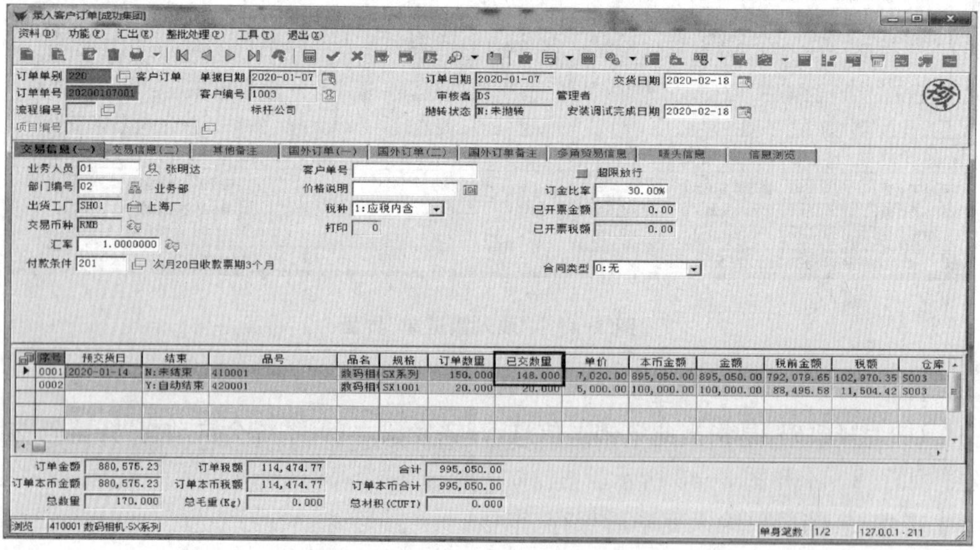

图 3-45 "录入客户订单"界面

步骤三:重新录入销货单给客户,销货数量为2个。如图3-46所示。

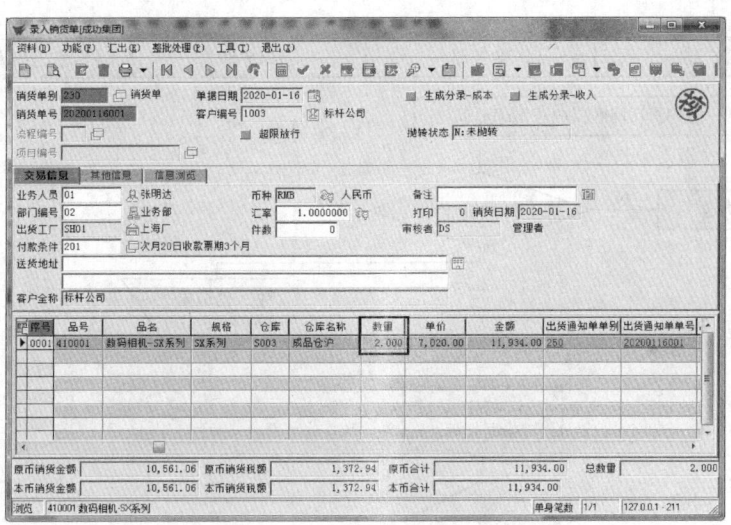

图 3-46 "录入销货单"界面

【作业流程复习】

作业流程复习如图 3-47 和图 3-48 所示。

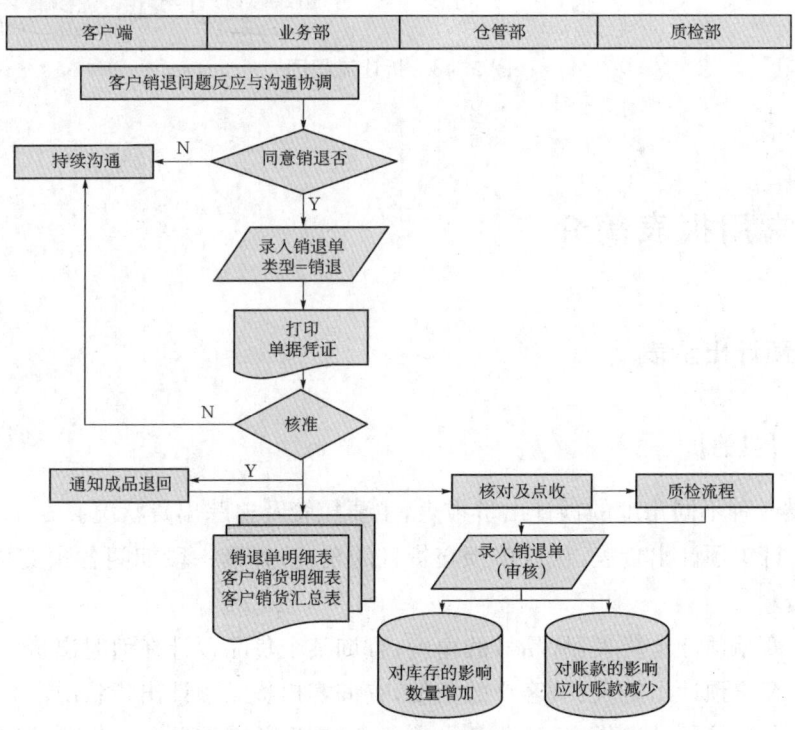

图 3-47 销退流程图

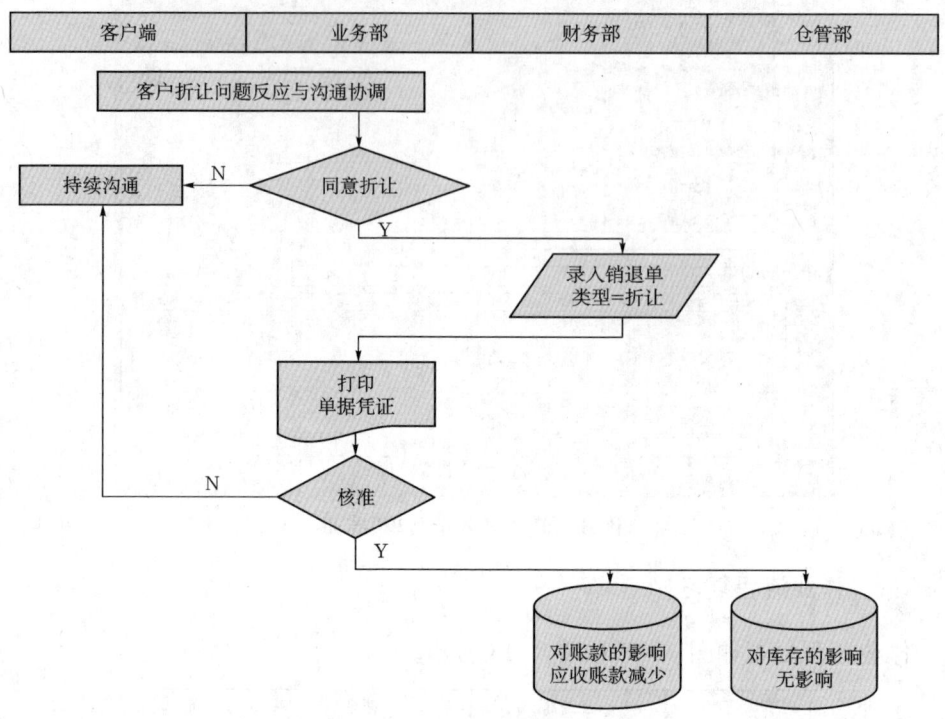

图 3-48 折让流程图

3.4 常用报表简介

3.4.1 预计出货表

【目的】

提供 4 种不同角度的预计出货报表,主要控管及追踪出货状况。

(1) 订单预计出货表:从订单预交货日的角度,查询一段期间各预交货日预计出货的资料。

(2) 商品预计出货表:从品号的角度,查询某个货品预计在何时出货。

(3) 客户预计出货表:从客户的角度,查询客户货品预计出货状况。

(4) 业务员预计出货表:从业务员的角度,查询单个接单预计出货状况。

以"商品预计出货表"和"客户预计出货表"为例,看一下具体操作步骤。

1. 商品预计出货表

【操作步骤】

步骤一:在"商品预计出货表"界面上进行设置,然后单击"设计报表"。如图 3-49 所示。

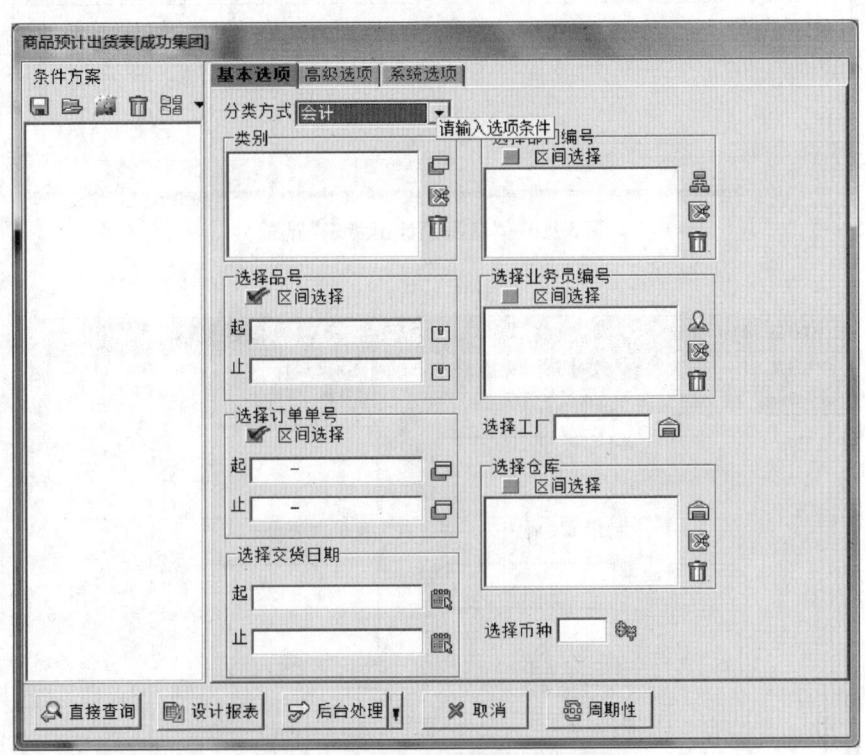

图 3-49 "商品预计出货表"界面

步骤二:报表产出结果。如图 3-50 所示。

2. 客户预计出货表

【操作步骤】

步骤一:在"客户预计出货表"界面上进行设置,然后单击"设计报表"。如图 3-51 所示。

图 3-50 "商品预计出货表"界面

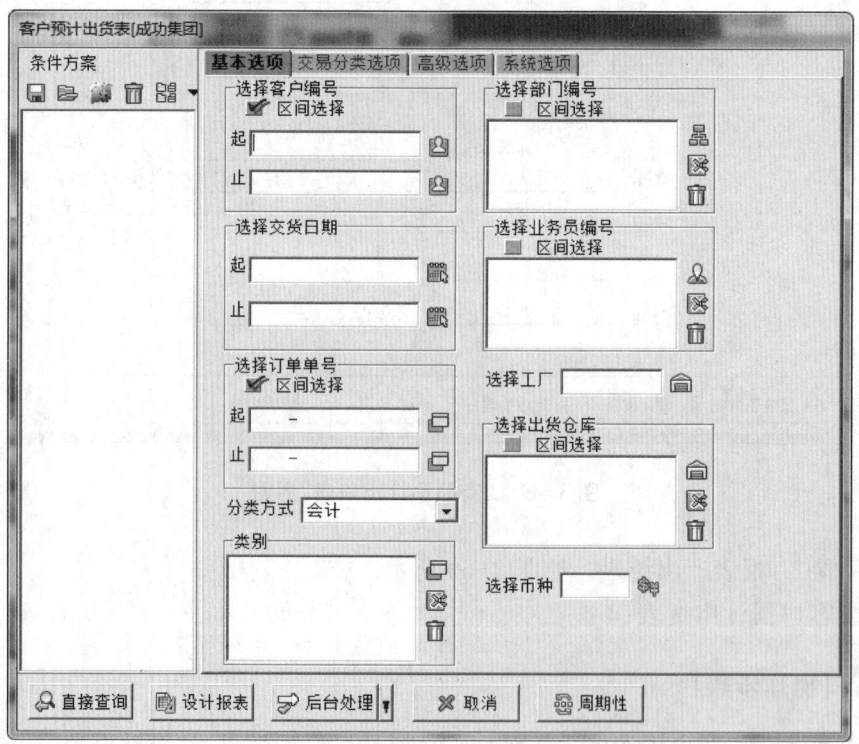

图 3-51 "客户预计出货表"界面

步骤二:报表产出结果。如图 3-52 所示。

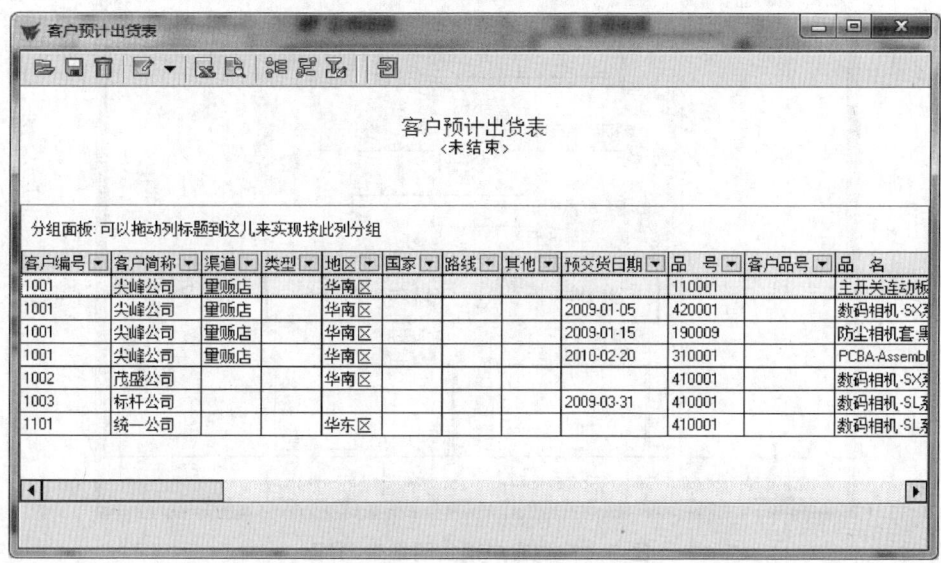

图 3-52 "客户预计出货表"界面

3.4.2 客户销货明细表

【目的】

查询客户一段期间内,销货明细数据状况,可供财务对账使用。

【操作步骤】

步骤一:在"客户销货明细表"界面上进行设置,然后单击"设计报表"。如图 3-53 所示。

步骤二:报表产出结果。如图 3-54 所示。

3.4.3 历史交易记录表

【目的】

查询货品所有往来交易明细数据。

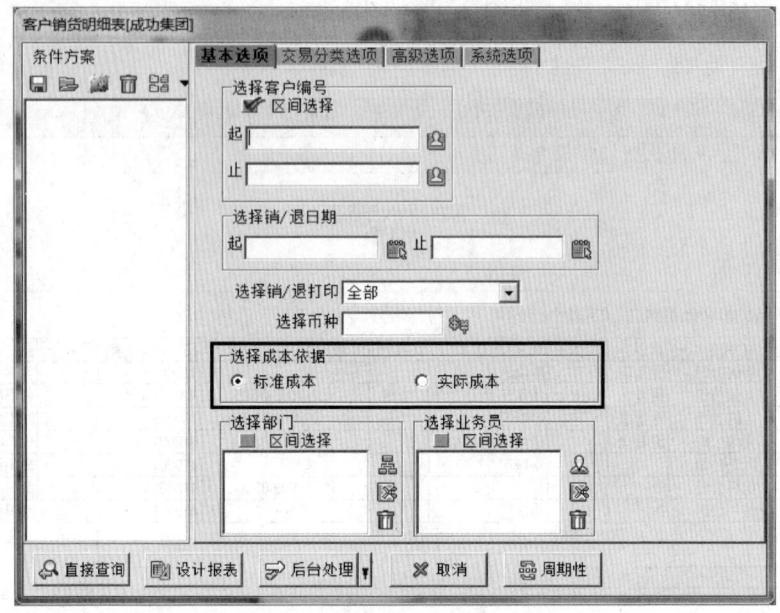

图 3-53 "客户销货明细表"界面

图 3-54 "客户销货明细表"界面

【操作步骤】

步骤一:在"历史交易记录表"界面上进行设置,然后单击"设计报表"。如图

3-55所示。

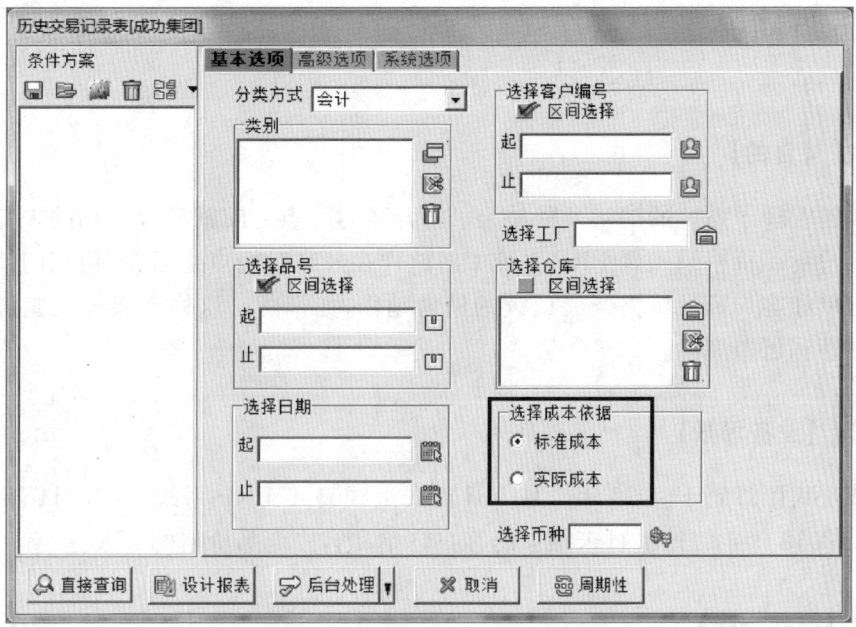

图 3-55　“历史交易记录表”界面

步骤二:报表产出结果。如图 3-56 所示。

品 号	品 名	规 格	客户编号	客户简称	销货日期	销货单号	订单单号	销货数量	单位	小单位	币种	汇率
320001	PCBA-Assembly Sensor	SL系列	1101	统一公司	2009-01-12	2301-20090112001-0001	- -	1,240.00	ea		RMB	1.
320001	PCBA-Assembly Sensor	SL系列	1101	统一公司	2009-01-09	2301-20090109001-0001	- -	620.00	ea		RMB	1.
320001	PCBA-Assembly Sensor	SL系列	1102	大同公司	2009-01-27	230 -20090127001-0001	- -	384.00	ea		RMB	1.
320001	PCBA-Assembly Sensor	SL系列	1102	大同公司	2009-01-12	230 -20090112002-0001	- -	320.00	ea		RMB	1.
320001	PCBA-Assembly Sensor	SL系列	1103	佳佳企业	2009-01-28	230 -20090128001-0001	- -	465.00	ea		RMB	1.
320001	PCBA-Assembly Sensor	SL系列	1103	佳佳企业	2009-01-15	230 -20090115001-0001	- -	450.00	ea		RMB	1.
410001	数码相机-SX系列	SX系列	1002	茂盛公司	2020-01-19	231 -20200119001-0001	- -	10.00	ea		RMB	1.
410001	数码相机-SL系列	SL1001	1002	茂盛公司	2009-02-20	230 -20090220001-0001	220 -20090215001-0001	15.00	ea		RMB	1.
410001	数码相机-SL系列	SL1001	1002	茂盛公司	2009-02-10	231 -20090210001-0001	- -	3.00	ea		RMB	1.
410001	数码相机-SX系列	SX系列	1003	标杆公司	2020-01-16	230 -20200116001-0001	220 -20200107001-0001	2.00	ea		RMB	1.
410001	数码相机-SX系列	SX系列	1003	标杆公司	2020-01-16	240 -20200116001-0001	220 -20200107001-0001	-2.00	ea		RMB	1.
410001	数码相机-SX系列	SX系列	1003	标杆公司	2020-01-14	230 -20200114001-0001	220 -20200107001-0001	150.00	ea		RMB	1.
410001	数码相机-SL系列	SL1001	1003	标杆公司	2009-03-16	230 -20090316001-0001	220 -20090213001-0001	1,000.00	ea		RMB	1.
420001	数码相机-SX系列	SX1001	1002	茂盛公司	2009-02-20	230 -20090220001-0002	220 -20090215001-0002	20.00	ea		RMB	1.
420001	数码相机-SL系列	SX1001	1003	标杆公司	2020-01-14	230 -20200114001-0002	220 -20200107001-0002	20.00	ea		RMB	1.

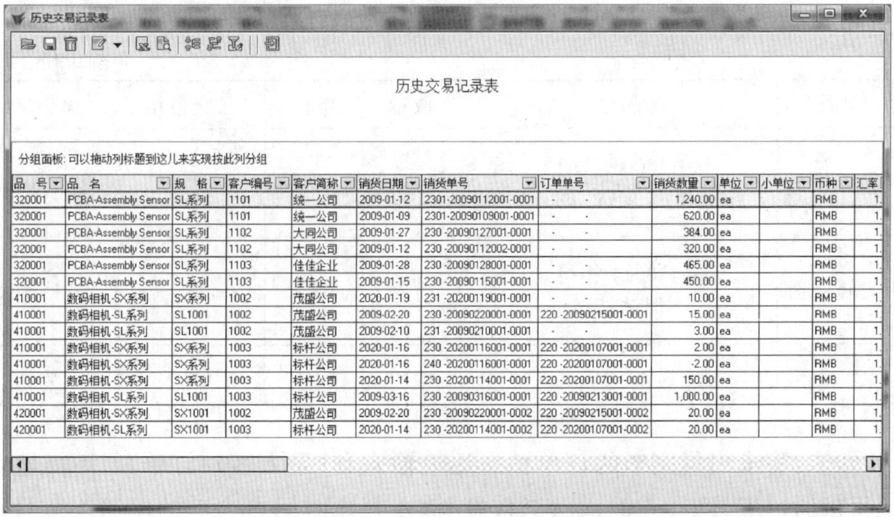

图 3-56　“历史交易记录表”界面

3.5 期初开账

【目的】

销售管理子系统的期初开账是为了将开账时间点之前就已经接到的未完成订单和客户商品价格录入到 ERP 系统中。这样在开账时间点之后,销售部门就可以依据订单和客户商品价格开展后续的销售动作,如销货。这样就保证了销售信息的完整性和可追溯性。

【业务场景】

成功集团计划于 2020 年 1 月 1 日正式上线易飞 ERP 系统,并针对销售类部分进行 2019 年 12 月 31 日未结束的客户订单和客户商品价格的导入。

【操作步骤】

步骤一:收集截止到 2019 年 12 月 31 日前,未出货完毕的客户订单。收集格式如表 3-4 所示。

表 3-4　收集未出货完成的订单

金额单位:元

客户名称	品号	数量	单价	已交数量	预交货日
1001 尖峰公司	410001 数码相机—SX 系列	10 ea	5 000	10 ea	2020.01.02
1001 尖峰公司	410011 相机促销礼包	5 ea	5 500	0 ea	2020.01.05
……	……	……	……	……	……

步骤二:将未出货完毕的订单信息逐笔输入到"录入客户订单"。不需输入销货单,直接通过工具栏的"输入已交数量"输入开账时间点之前的已销售数量。如图 3-57 至图 3-59 所示。

图 3-57 "录入客户订单"界面

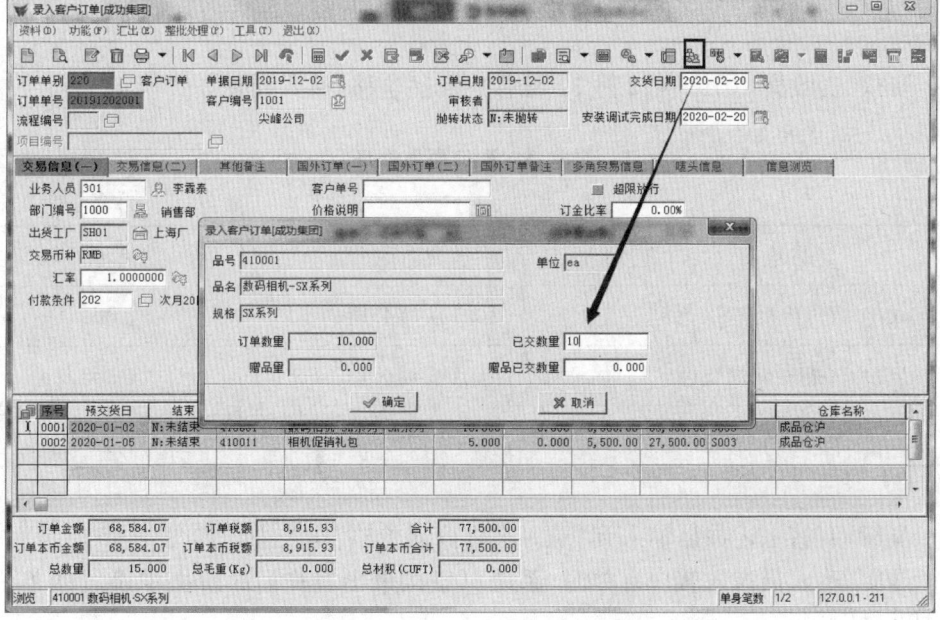

图 3-58 "录入客户订单"界面

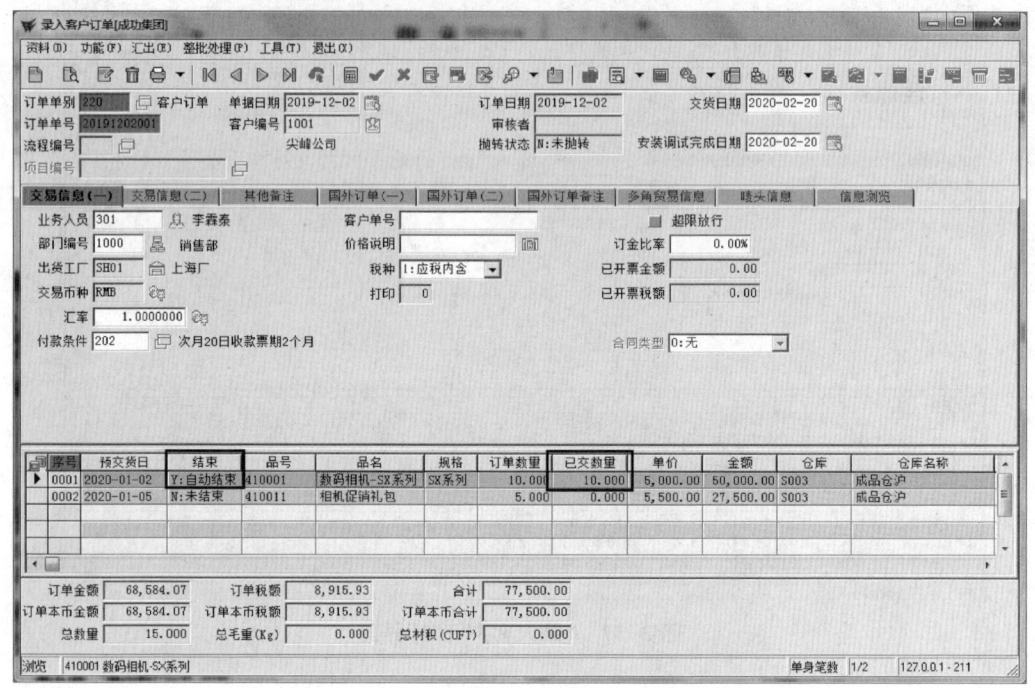

图 3-59 "录入客户订单"界面

步骤三：收集 2019 年 12 月 31 日客户商品价格，格式如表 3-5 所示。

表 3-5 客户商品价格

金额单位：元

品号	客户名称	单价
410001 数码相机—SX 系列	1001 尖峰公司	5 000
410011 相机促销礼包	1001 尖峰公司	5 500
……	……	……

步骤四：将上述数据输入到"录入客户商品价格"作业中。如图 3-60 所示。

步骤五：人员录入客户订单时，系统可直接带出客户商品价格中设置的单价。如图 3-61 所示。

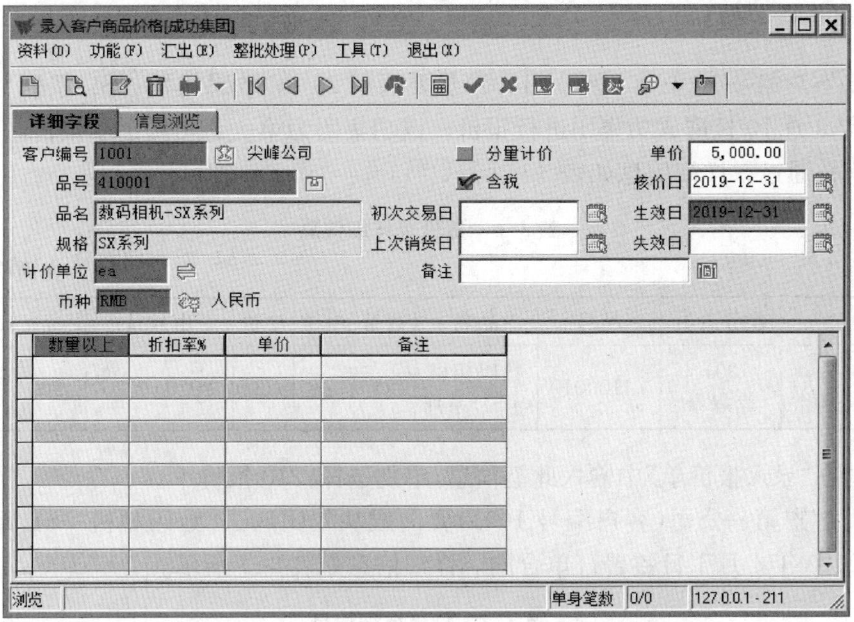

图 3-60 "录入客户商品价格"界面

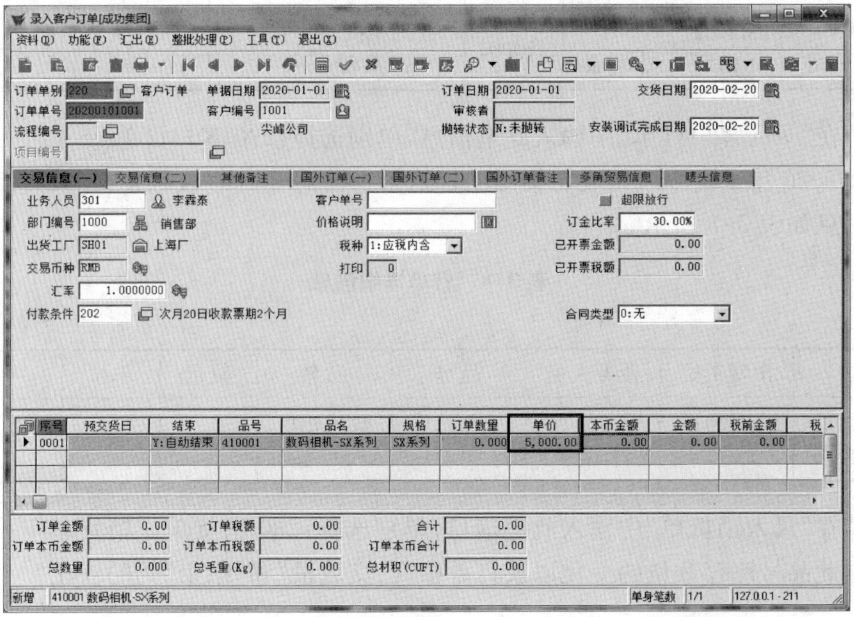

图 3-61 "录入客户订单"界面

【课后习题】

1. 客户第一公司（客户编号1001）想要购买20 ea"数码相机—SL系列"，并于2020年3月10日请成功集团进行报价。成功集团为第一公司做出了报价，并且经客户审核通过。详细信息如表3-6所示。

表3-6 报价单详细信息

金额单位：元

客户	业务人员	品号	品名	数量	单位	单价	生效日	失效日
1001 第一公司	301 李霖泰	410001	数码相机—SL系列	20	ea	5 000	2020.03.20	2021.03.20

请在"录入报价单"中输入此笔信息，单别选择：210报价单。

2. 客户第一公司（客户编号1001）要向成功集团购买"数码相机—SL系列"，并于2020年4月1日签署订单合同。详细信息如表3-7所示。

表3-7 订单详细信息

金额单位：元

客户	出货工厂	业务人员	品号	品名	订单数量	单位	单价	预交货日
1001 第一公司	SH001 上海厂	301 李霖泰	410001	数码相机—SL系列	20	ea	5 000	2020.04.20

请在"录入客户订单"中输入此笔信息，单别选择：220客户订单。

3. 2020年4月20日，成功集团出货给第一公司20 ea"数码相机—SL系列"。详细信息如表3-8所示。

表3-8 订单详细信息

金额单位：元

客户	出货工厂	业务人员	品号	品名	数量	单位	单价
1001 第一公司	SH001 上海厂	301 李霖泰	410001	数码相机—SL系列	20	ea	5 000

请在"录入销货单"中输入此笔信息，单别选择：230销货单。销货单审核前后去查看此品号库存数量的变化以及订单中"已交数量"和"结束"码的变化。

第4章 采购管理子系统

4.1 系统简介

4.1.1 系统效益与特色

采购管理涵盖采购作业流程的5个主要项目：请购、采购、进货收料、日常跟催管理以及供应商管理。除了详细记载从请购到采购再到收料进货的交易信息外，更重要的是实时提供各种相关报表，以供管理者了解所有的采购状况，以便能够作出合理正确的决策。

采购管理子系统有如下特色：

（1）采购管理子系统中提供了多角度的请购、采购、进货的进度管控报表，方便在日常作业中跟催及管理，达到准时交货的目的。

（2）针对公司内部对供应商的评估及管理，提供供应商 ABC 分析表等分析报表，将供应商做等级区分，提供给管理者制定采购政策时的参考依据。

（3）对于日常采购项目，系统将详实记录商品报价信息及供应商价格变动过程，作为公司内部审查和核准的依据。

（4）对于采购价格管理，系统提供了价格异常以及交货异常的管理报表，用来检核采购是否有异常，供管理者来评估供应商与采购人员的绩效。

（5）为了让采购人员与供应商快速沟通，系统提供了"查询供应商信息"作业，可以在线实时查询到供应商的相关信息，如供应商应付账款、票据状况、采购单信息、进退货明细、供应商的商品价格等。

（6）如果应付账款与进货同时确立，那么系统中还提供了直接开票功能，它连接应付管理子系统自动产生应付账款的采购发票，不需要另外人工输入。

（7）最后，采购单凭证可以通过 E-mail 或传真系统，直接传送给供应商，不需要将凭证打印出来，再传送给供应商，可以达到无纸化的目的。

4.1.2 系统架构与关联

采购管理子系统的架构与关联如图 4-1 和图 4-2 所示。

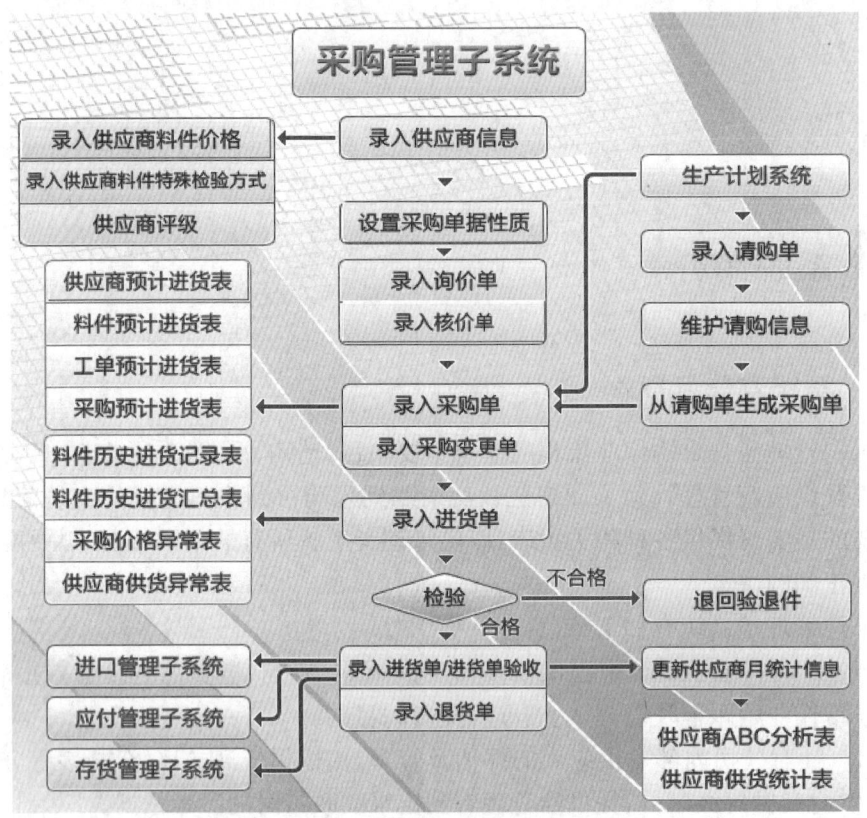

图 4-1 系统架构

1. 存货管理子系统

采购管理子系统的进货单和退货单审核后，会回写到存货管理子系统，影响库存数量的增加或减少。

2. 销售管理子系统

系统提供"从订单自动生成采购单"的功能，通过批次作业，可以把订单直接复

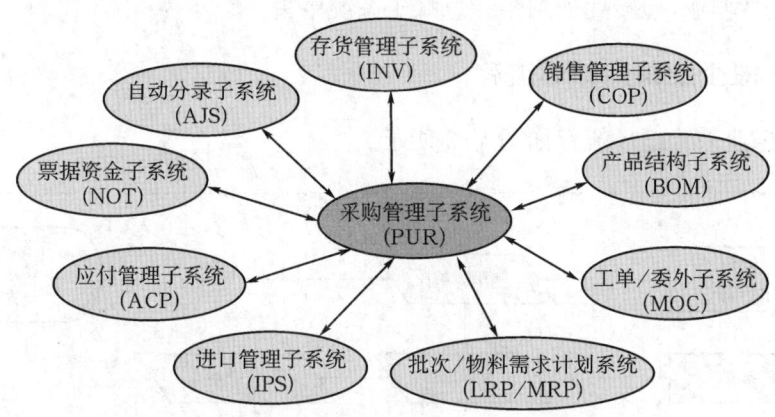

图 4-2　采购管理子系统与其他系统的关联图

制成采购管理子系统的请购单或采购单。

3. 产品结构子系统

产品结构子系统中的"从 BOM 自动生成请购单"主要是将需要生产的主件，按照 BOM 材料用量数据加以展开，自动产生建议采购的请购单数据到采购管理子系统中。

4. 工单/委外子系统

委外供应商信息以及供应商的评级都是在采购管理子系统中设置的。

5. 批次及物料需求计划系统

做物料需求计划或批次需求计划，产生采购需求后，便会针对所需要采购的料件，发放成采购管理子系统的采购单或请购单进行采购。

6. 进口管理子系统

"采购单"是"录入预付购料"的来源，而"录入报关/赎单"又可通过批次自动产生"进货单"到采购管理子系统。

7. 应付管理子系统

采购管理子系统中的"进/退货单"是应付管理子系统中"采购发票"结账的来源。

8. 票据资金子系统

采购管理子系统中的采购单、进货单和退货单是票据资金子系统中资金预估的主要来源，所以票据资金预估的相关报表会使用到采购管理子系统的这些单据。

9. 自动分录子系统

采购管理子系统中的进货单和退货单都可以通过自动分录子系统的"自动生

成分录底稿"作业,抛转凭证到会计总账子系统中去。

4.1.3 一般企业采购循环流程

一般企业采购循环流程如图 4-3 所示。

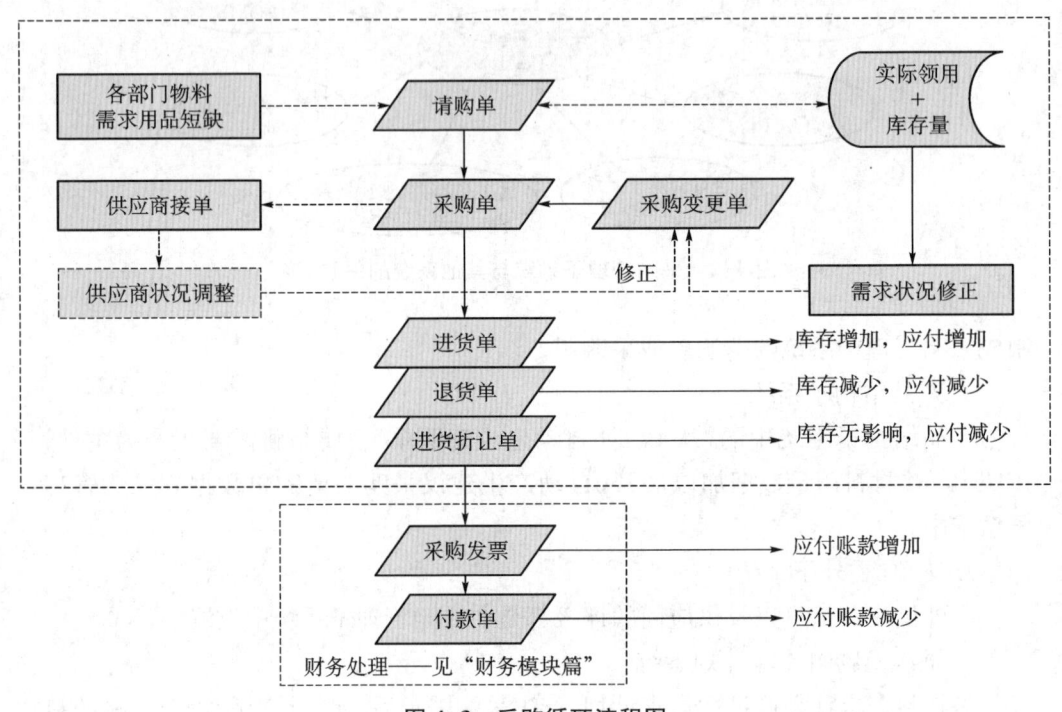

图 4-3 采购循环流程图

4.2 基础设置

4.2.1 设置编码原则

新增供应商信息时,可由系统自动给予一个号码,人员就不用记住上一次已经编到第几号了,也不用担心会有跳号的问题发生。

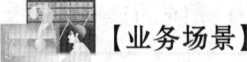【业务场景】

成功集团针对供应商编码有以下编码原则,可将此编码规则设定在"设置编码

原则"中,以方便录入供应商信息时的编码设定。如表 4-1 所示。

表 4-1 供应商编码原则

第1码 ×	第2~4码 ×××	范例 ××××
1 国内原物料供应商	流水码	1001 1002
2 国外原物料供应商	流水码	2001 2002
3 委外加工商	流水码	3001 3002

从系统主画面执行"基本信息子系统"|"基础设置",进入"设置编码原则"新增供应商编码原则。如图 4-4 所示。

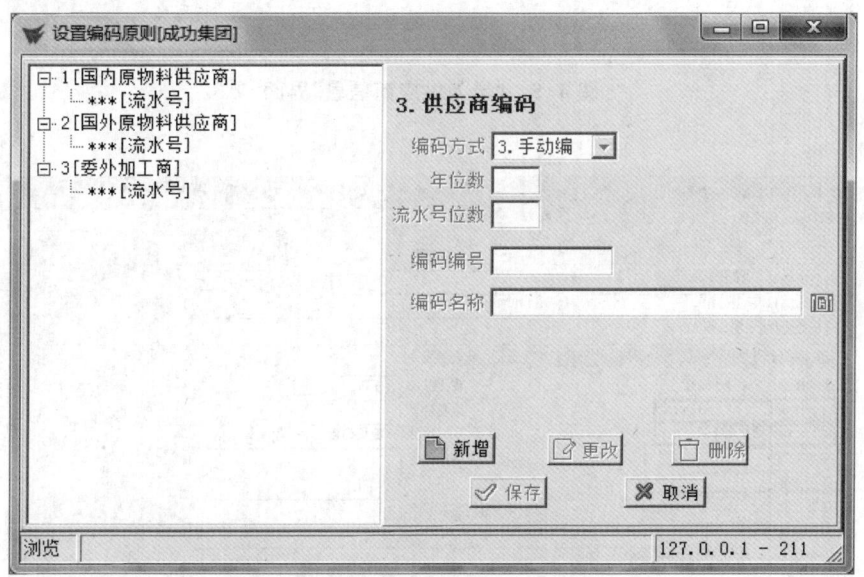

图 4-4 "设置编码原则"界面

4.2.2 录入供应商信息

所有与企业有交易往来的供应商,不论是原材料供应商、固定资产供货商或委外加工供货商,都必须将供应商信息录入在这个作业里,如图 4-5 和图 4-6 所示。

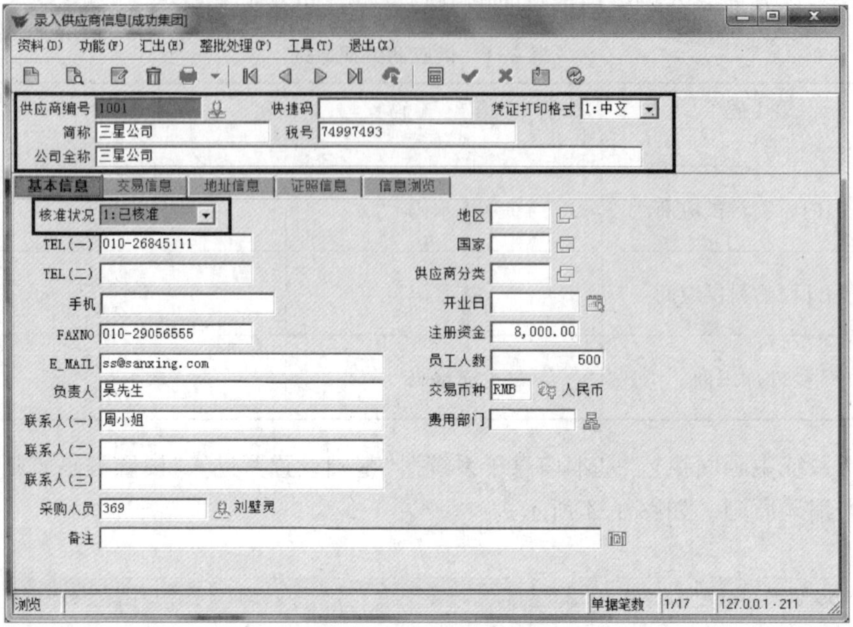

图 4-5 "录入供应商信息"界面

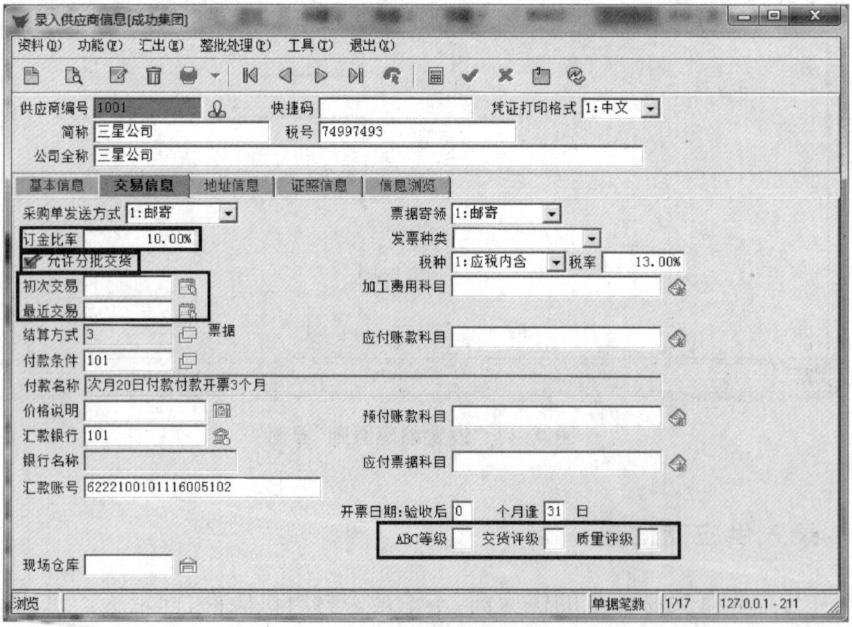

图 4-6 "录入供应商信息"界面

【作业重点】

(1) 记录客户编号、简称、全名等基本信息。

(2) 核准状况：包括已核准、尚待核准、不准交易。

已核准：可交易，开窗也可查询。

尚待核准：开窗查询不到，无法交易，会提示"尚待核准"。

不准交易：开窗查询不到，无法交易，会提示"不准交易"。

(3) 订金比率：如果在采购条款里，供应商要求下采购单时需先支付一定比率的订金，则需要在这个字段输入订金比率。后续下采购单时，采购单上就会自动带出订金比率。然后财务人员就知道这张采购单要作预开发票的处理。

(4) 允许分批交货：表示同一批采购序号，是否可分多次进货。默认为允许分批交货；若为不允许分批交货，当输入"验收数量"时：

① 验收数量≥采购量，则该采购单的结束码更新为"已结束"。

② 验收数量＜采购量，则该采购单的结束码更新为"指定结束"。

(5) 初次交易/最近交易：初次交易日自行输入，最近交易日期则由进货单回写。

(6) ABC 等级：按供应商的进货净额来评定供应商的重要性等级，可自行输入，也可通过本系统的"供应商 ABC 分析表"，由系统评级来更新等级。等级 A 表示"进货净额所占的比率较高"，等级 C 表示"进货净额所占的比率较低"。

(7) 交货评级和质量评级：评定供货商的交货时程、质量状况。可自行输入，也可通过本系统的"供应商评级"，由系统执行评级来更新等级。

4.2.3 录入品号信息(采购)

录入品号信息的录入如图 4-7 和图 4-8 所示。

【作业重点】

(1) 主供应商：后续该品号的默认采购供应商或委外供应商。

(2) 补货政策：分为 R——按补货点、M——按 MRP 需求及 L——按 LRP 需求，不同特性品号的库存补充方式不同。"补货点"是一个存量的水平，当存货数量下降到补货点时，就应该发起请购与采购活动，如此一来，才可以确保物料供应不会短缺。而补货政策是"按 MRP 需求"，这是指系统会按照品号的需求与供给缺口，自动产生各项产品的生产计划及采购计划。最后按 LRP 需求则可按订单、按工单或是按销售预测等不同来源，来产生特定的物料需求计划。所以如果企业的

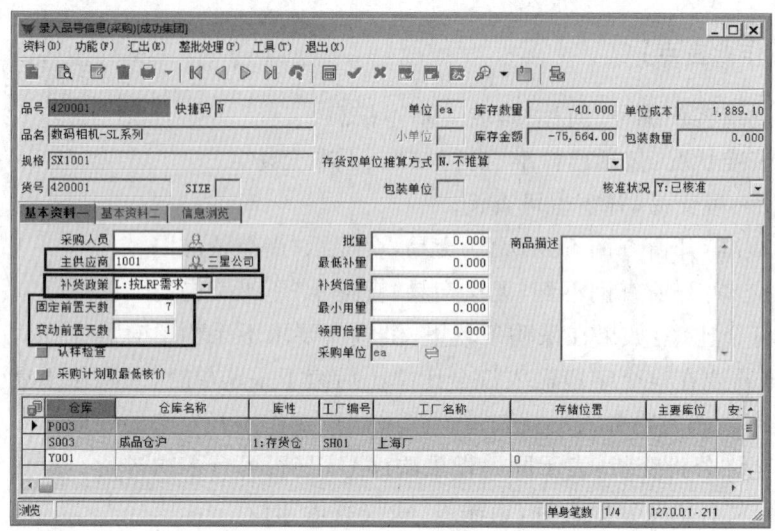

图 4-7 "录入品号信息"界面

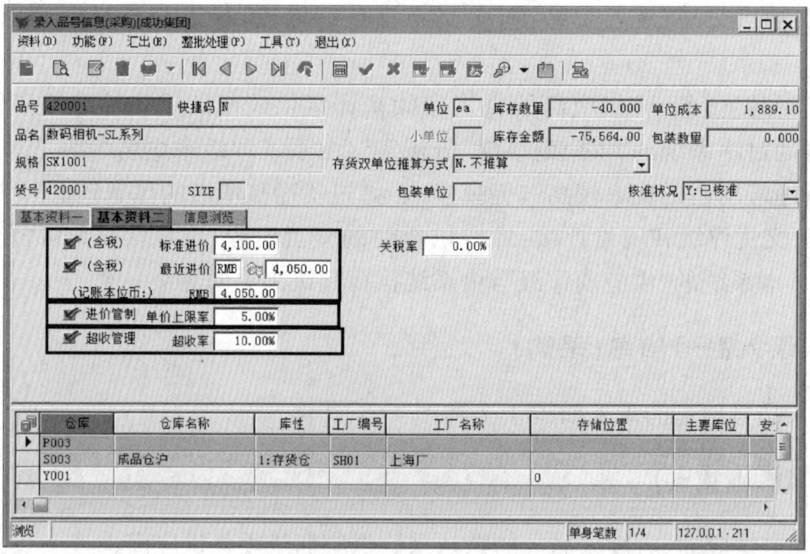

图 4-8 "录入品号信息"界面

紧急插单状况频繁,或是用料复杂者,可以设置为"按 LRP 需求"来补货。

(3) 固定/变动前置天数:具体是指采购此产品的前置天数。不管采购一个或多个都需要耗费的时间,称为"固定前置天数";会随着采购的数量多少而改变的时间,称为"变动前置天数"。品号的采购前置天数的公式如下:

$$品号的采购前置天数 = 固定前置天数 + \frac{采购量}{批量} \times 变动前置天数$$

(4) 标准进价、最近进价:"标准进价"须自行输入,而"最近进价"则会由最近一张进货单验收审核后,由系统回写,同时还会以原币乘以当时的币种汇率,计算出本位币的单价。

(5) 进价控制/单价上限率:在用户输入采购单价时,可以由系统自动控管可以超出定价的范围。系统会以"供应商核价""最近进价"或"标准进价"作为基准和判断的依据,来控管定价的范围。

(6) 超收管理/超收率:当采购及委外加工件在进货时,可以设定进货是否可以超过原始采购的数量,且按照超收率做进货数量上限的管制。

4.2.4 设置采购单据性质

设置采购管理子系统所使用的交易单据及其编码方式、性质、签核格式等。日后交易单据上使用到该单别,系统会默认单据性质里的相关设置。如图 4-9 所示。

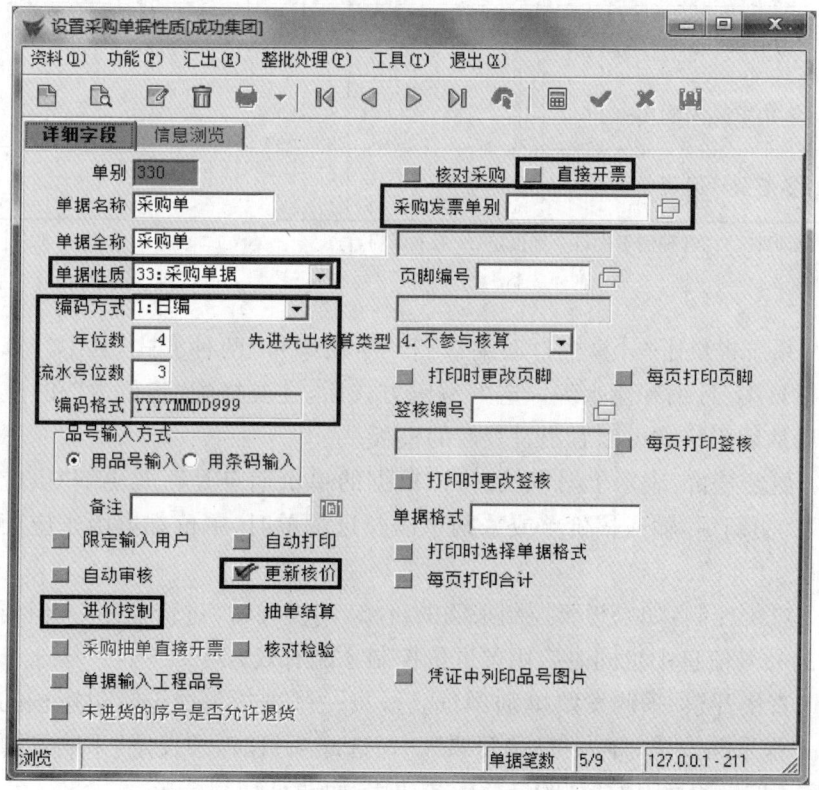

图 4-9 "设置采购单据性质"界面

【作业重点】

（1）单据性质：共8种性质。如表4-2所示。

表4-2 采购单据性质

单据性质	更新核价	核对采购	直接开票
31：请购单据※			
32：核价单单据	V		
33：采购单据※	V		
34：进货单据※	V	V	V
35：退货单据※		V	V
36：询价单据	V		
27：多角贸易采购单据	V		
29：多角贸易退货单据			

注：V表示可按公司管理需求进行个别设定，※为本课程重点。

（2）系统提供了"计算机自动编号"和"手动编号"两种方式，其中计算机自动编号包括日编、月编和流水编。选好编码方式后，还要搭配"年位数"和"流水号位数"，最后从编码格式可以看出设置后的模板。

（3）更新核价：表示单据审核时，该单据的单价信息是否要更新"供应商料件价格档"。更新后，输入核价单或采购单以及进货单时，单价都可由供应商料件价格档得来。

（4）进价控制：如果想要控制采购的价格，则要勾选"进价控制"。但要保证进货品号的品号信息中也同时启用了进价控制才能有效。

（5）直接开票/采购发票单别：勾选后，每一张进货单或退货单审核的同时立即产生一张采购发票，称为"直接开票"。勾选此项时，须设定"采购发票单别"。此选项适用于"随货附发票"的进货模式使用，而非月结制结账。

4.3 日常业务流程

4.3.1 请购流程

【目的】

企业料件采购数量非常的庞大,如果没有经过请购阶段的内部协调、审核作业,将有可能会造成所采购的料件不适合、存货成本过高,甚至使得无法掌握正确需求时效等问题发生。所以一般企业在寄发"正式采购单"给供应商之前,必须先进行内部需求的审查,由授权主管单位审查这个需求的合理性。再由仓管或相关单位来确认是否已经有库存了或是否有可以取代的库存品,这样一来就可以预防多买或是造成呆滞等成本浪费的状况发生。

【业务场景】

1月10日,客户尖峰公司向成功集团下采购单,购买100 ea"数码相机—SL系列",相机单价为每台5 000元,预交货日为1月17日。但此时,成功集团的"数码相机—SL系列"只有安全存量50 ea,无存货可供给尖峰公司。因为该商品为外购商品,非自制品,所以业务部门需要按照公司的制度,进行请购程序。

【操作步骤】

可以手动输入请购单,也可以利用销售管理子系统的"从订单自动转成采购单"协助产生请购单。这里详细介绍第二种方法。

步骤一:从作业菜单执行"销售管理子系统"|"订单管理"|"从订单自动转成采购单"作业,进入"从订单自动转成采购单"开始输入筛选条件。如图4-10和图4-11所示。

【作业重点】

(1)选择工厂:选择此次提出请购的工厂。

(2)已抛转过的重复生成:如果之前有抛转过请购单,则再次重新抛转时需要勾选此选项,首次抛转不需勾选。

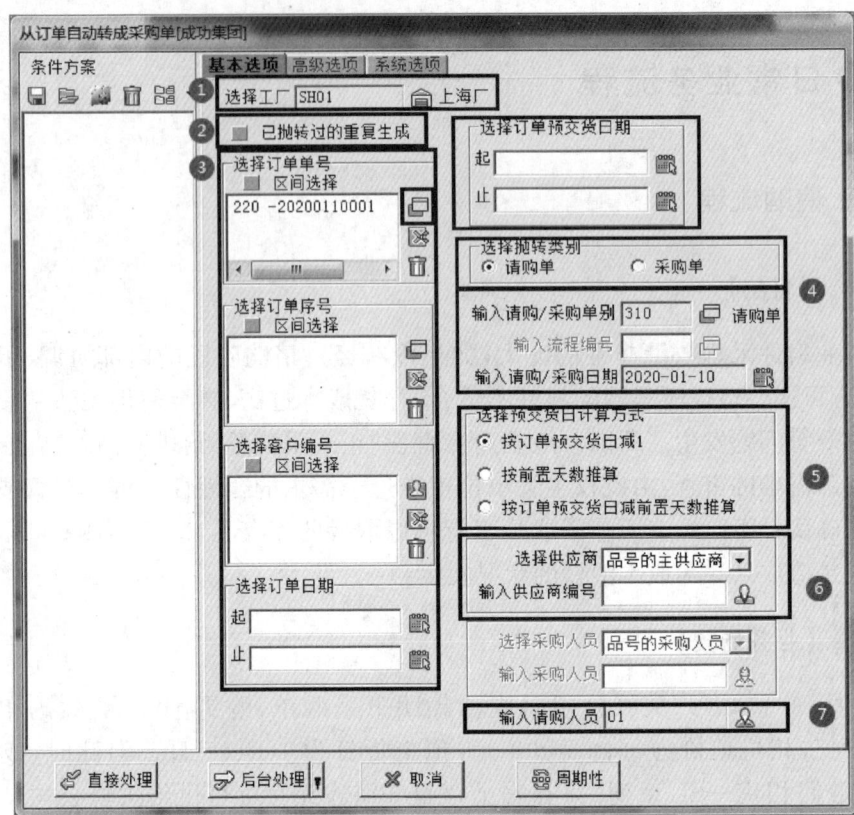

图 4-10 "从订单自动转成采购单"界面

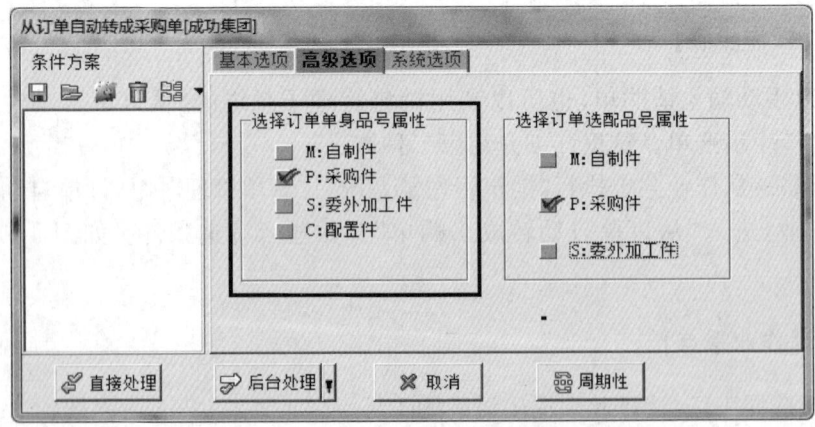

图 4-11 "从订单自动转成采购单"界面

(3) 选择订单单号、订单序号、客户编号、订单日期或者订单预交货日期：均为筛选条件，可开窗选择。

(4) 抛转类别可以选择是请购还是采购，之后选择要生成的采购单或请购单的单别和单据日期。

(5) 选择预交货日计算方式有两种，第一种是按订单预交货日减1，表示按照订单预计交货给客户的日期往前倒推来推算；第二种是按前置天数推算，表示按照请购时间再加上品号的前置天数往后推算。即一种是倒推，一种是正推。

注：前置天数的设定在"存货管理子系统"｜"录入品号信息"。

(6) 选择供应商有两种选择：第一种"品号的主供货商"，选此种表示公司有在"录入品号信息"中输入品号的主要供货商，此时供应商编号不须输入；第二种"指定供应商"，此时请于下方"输入供应商编号"处，输入本次请购品号要指定的供应商。

(7) 输入请购人员：这个字段一定要输入。请开窗选择本次请购的人员。

(8) 选择订单单身品号属性：当此张客户订单单身的品号既有采购件，又有自制件的时候，就可以通过这个选项的勾选来筛选需要采购的品号了。

(9) 选完上述选项之后，单击"直接处理"，系统便会自动产生请购单据。

步骤二：从系统主界面执行"采购管理子系统"｜"录入请购单"作业，进入"录入请购单"。执行"从订单自动转成采购单"后，系统会按照设置的选项条件产生请购单。在"录入请购单"中查询出请购单"310-20200110001"，不需要再自行新增请购单。如图4-12所示。

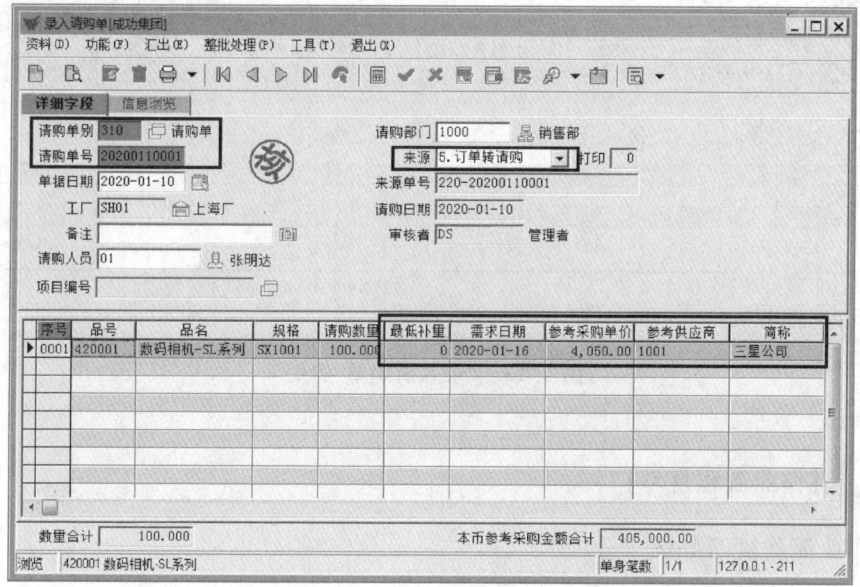

图4-12 "录入请购单"界面

【作业重点】

（1）来源：包括 MRP、LRP、再补货建议表、BOM 自动请购、订单转请购以及其他来源。由于此张请购单是由订单复制而来，所以"来源"显示"5.订单转请购"。

（2）"最低补量"是在"录入品号信息"中设定的值，供填单人员参考。

（3）需求日期：需要供应商交货的日期，根据"从订单自动转成采购单"中的设定来取值。

（4）参考采购单价和参考供应商：为参考值，可以填写也可以空白。

步骤三：检查产生的请购单内容是否无误，或是否需要加以调整修改，完成后即可送交审核。如图 4-13 所示。

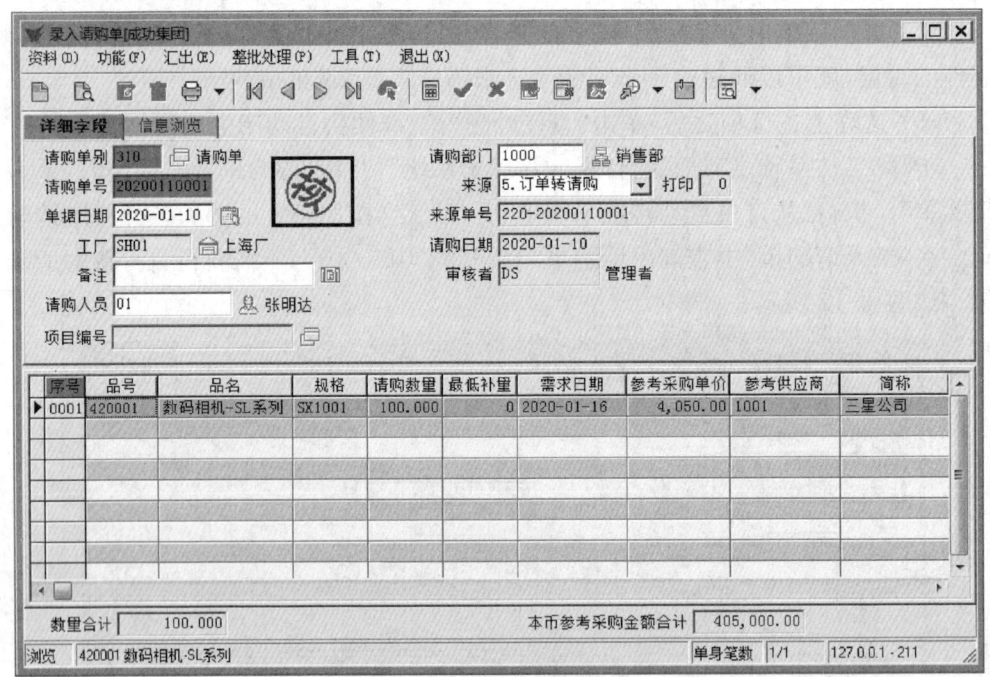

图 4-13 "录入请购单"界面

【作业流程复习】

作业流程复习如图 4-14 所示。

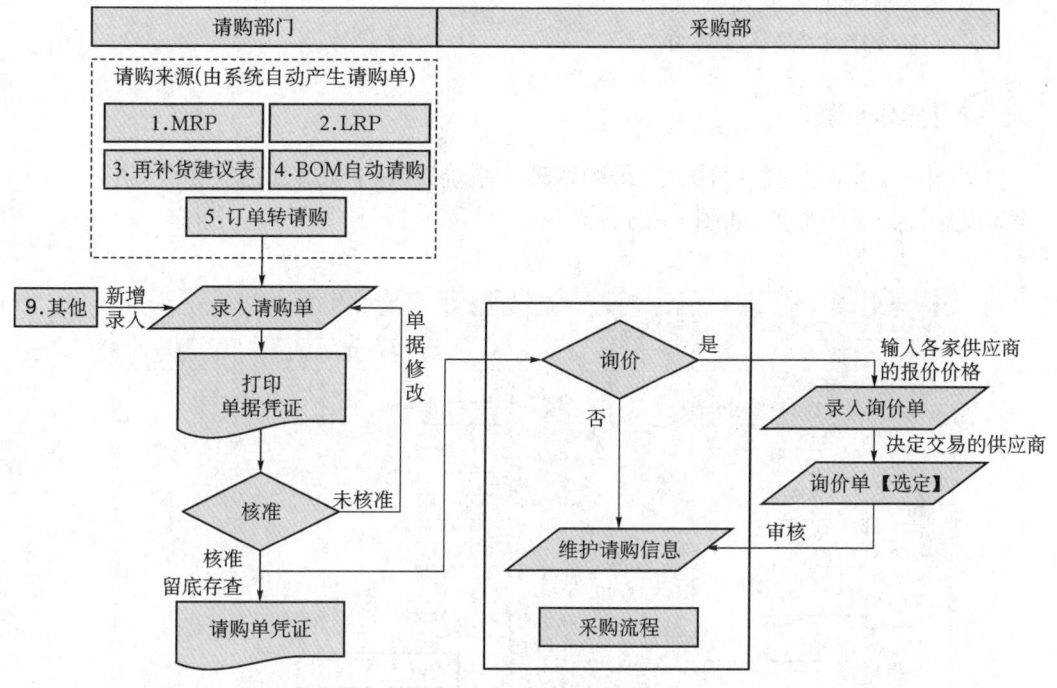

图 4-14 请购流程图

4.3.2 采购流程

 【目的】

采购流程包括维护请购信息、从请购单生成采购单以及录入采购单。

（1）维护请购信息目的：采购人员针对品号管辖范围已审核的请购信息，进行采购审查动作，并且作采购发单前最后相关信息的审核。

（2）从请购单生成采购单目的：当采购人员在"维护请购信息"做好最后的采购信息维护后，即可执行此作业，产生正式的采购单。

（3）录入采购单目的：为正式下采购单给供应商的依据。

 【业务场景】

1月10日，成功集团针对请购部门人员提出的请购需求，做审核采购的程序。其程序如下：

（1）维护请购信息。

(2) 从请购单生成采购单。

(3) 系统产生"录入采购单"。

【操作步骤】

步骤一：从系统主界面执行"采购管理子系统"|"维护请购信息"作业，进入"维护请购信息"开始维护，如图 4-15 所示。

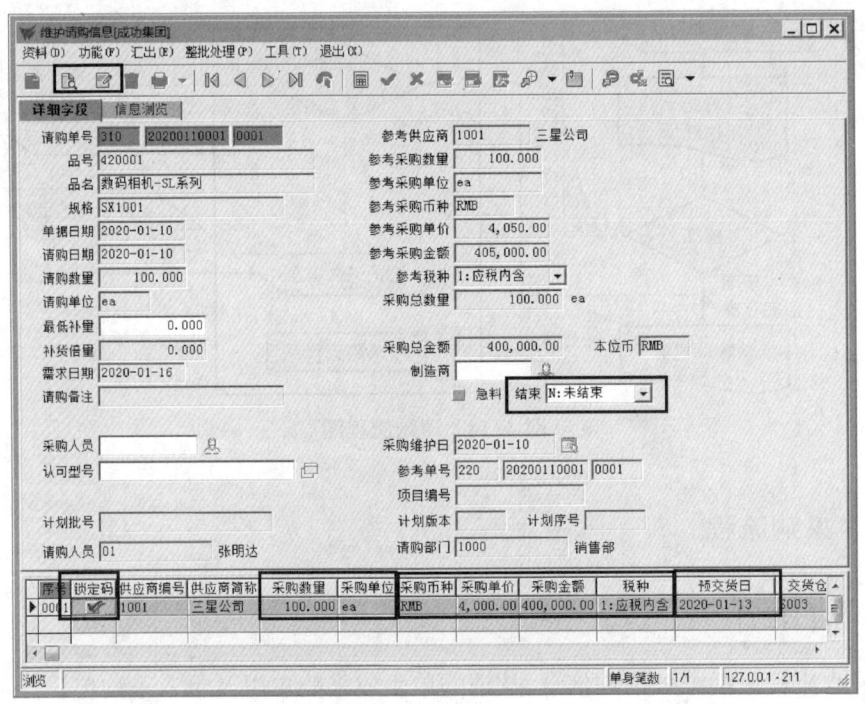

图 4-15 "维护请购信息"界面

【作业重点】

(1) 以"查询"方式找出请购部门提出的请购品号信息，采购人员利用"修改"功能进行维护，界面中的灰显字段是请购的原始资料，不得修改。采购人员可维护白色及黄色字段的资料。

(2) 结束：如果采购部门决定不购买此品号，采购人员可以单击工具栏上的"指定结束"按钮，则结束码就会被改为"y：指定结束"；如果此品号要采购，但尚未采购，则结束码显示为"N：未结束"的状态。当此品号后续产生了采购信息则显示

"Y：自动结束"。

（3）采购数量、采购单位：会默认原请购的数量及单位，有需要修改可再进行修改调整。

（4）税种、采购币种、采购单价、采购金额、预交货日：采购人员可查看此类信息并作调整修改。

（5）预交货日：采购人员可根据实际情况调整此日期。

（6）锁定码：当采购人员已维护好此笔信息，可将"锁定码"打勾，表示该笔要采购且已审核过。锁定后，原请购单不能撤销审核修改。

步骤二：从系统主界面执行"采购管理子系统"｜"从请购单生成采购单"作业，进入"从请购单生成采购单"开始输入筛选条件，输入好之后单击"直接处理"，如图4-16所示。

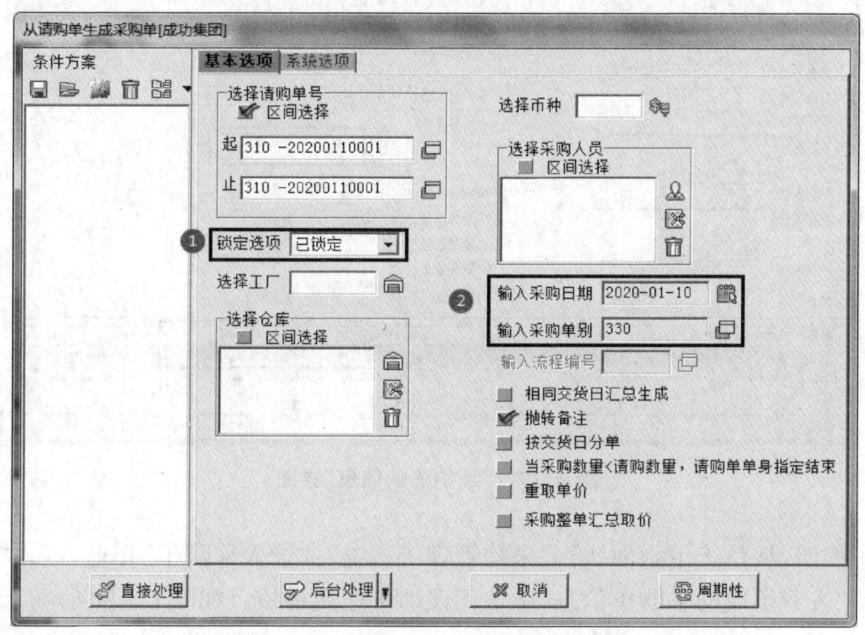

图4-16 "从请购单生成采购单"界面

【作业重点】

（1）锁定选项：如果请购单很多，其中一部分要采购；另一部分尚不要采购，便可以利用"锁定码"选项筛选请购单，并产生采购单。之后输入要产生的采购日期、采购单别。

（2）输入采购日期、输入采购单别：可以再次设置生成采购单的相关信息。

步骤三：从系统主界面执行"采购管理子系统"|"维护请购信息"和"录入请购单"作业，进入这两个作业，查找出请购单"310-20200110001-0001"。可以看到，执行"从请购单生成采购单"后，系统会将生成采购单的单号回写到"维护请购信息"中，并且"录入请购单"自动结束，如图4-17和图4-18所示。

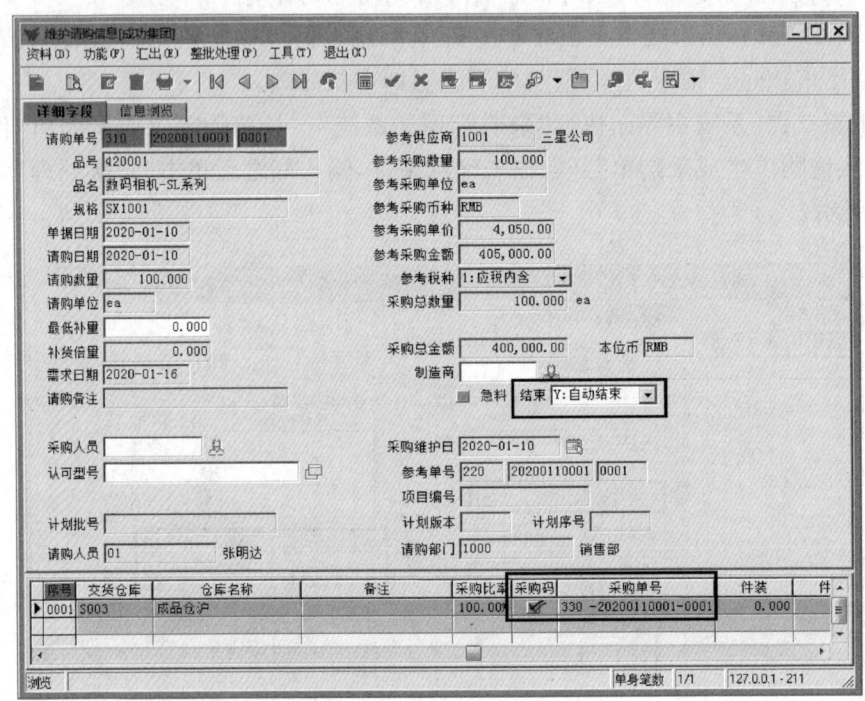

图4-17 "维护请购信息"界面

步骤四：从系统主画面执行"采购管理子系统"|"录入采购单"作业，进入"录入采购单"查看生成的采购单信息，确认无误即可送交审核。如图4-19所示。

【作业重点】

（1）核对供应商对象是否有需要更改。

（2）交易数据是根据供应商信息带出来的，采购人员同样必须检查本次交易是否需要更改。

（3）根据请购信息而来，采购人员可按实际情况再作修改。

（4）F2键可用各库库存量查询；F3键可用库存量查询。

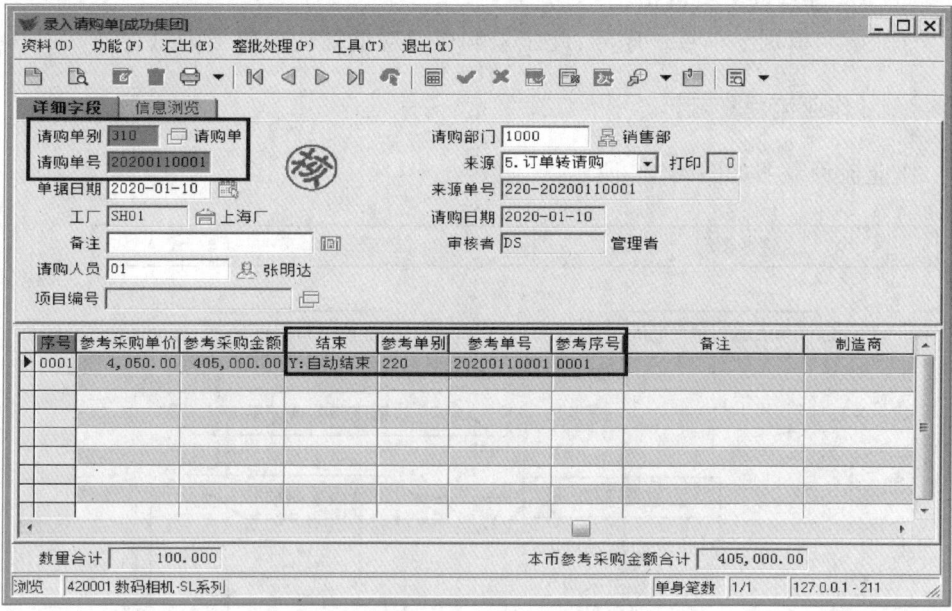

图 4-18 "录入请购单"界面

图 4-19 "录入采购单"界面

(5) F2 键查询历史价格。

(6) 请购单别—单号—序号：此张采购单对应的请购单单号信息。

【作业流程复习】

作业流程复习如图 4-20 所示。

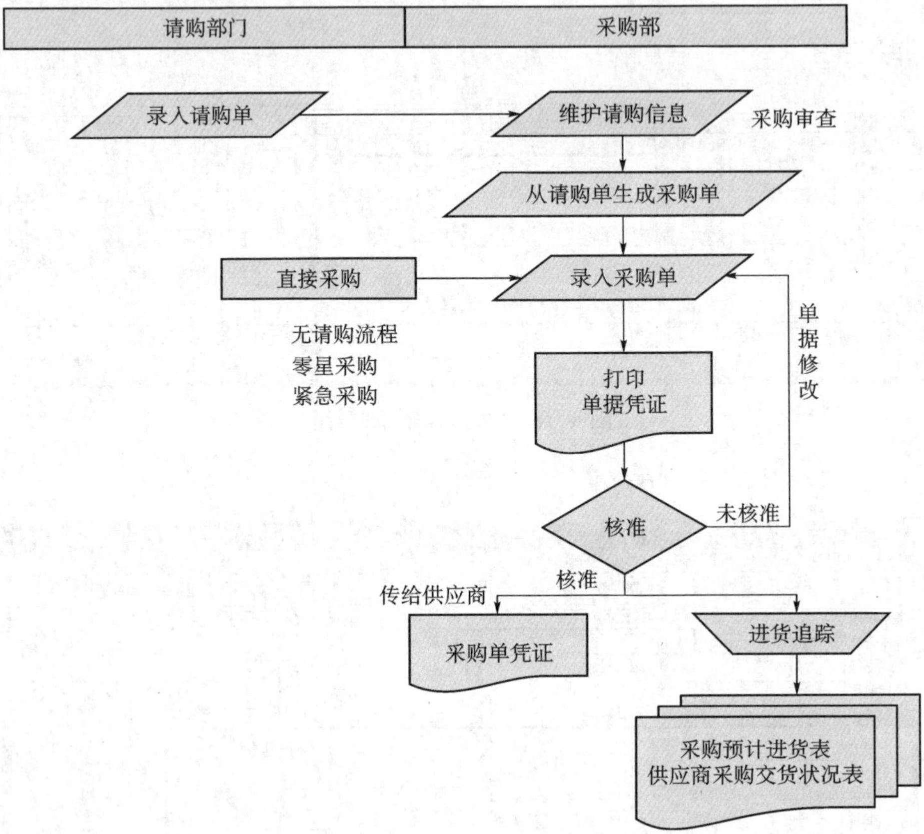

图 4-20 采购流程图

4.3.3 采购变更流程

【目的】

当已经审核的采购单发生变更需求时，为了记录变更的历史和保留变更前后的原始信息，可以通过采购变更单来管理。同时将变更单凭证打印出来转交给相关部门,便于协调后续的备料及生产作业。

【业务场景】

1月11日,三星公司致电成功集团采购部,三星公司表示1月10日采购单所订购的数量因生产不及,需延后至1月14日出货。

【操作步骤】

步骤一:从系统主界面执行"采购管理子系统"|"录入采购变更单"作业,进入"录入采购变更单"选择要变更的采购单。如图4-21所示。

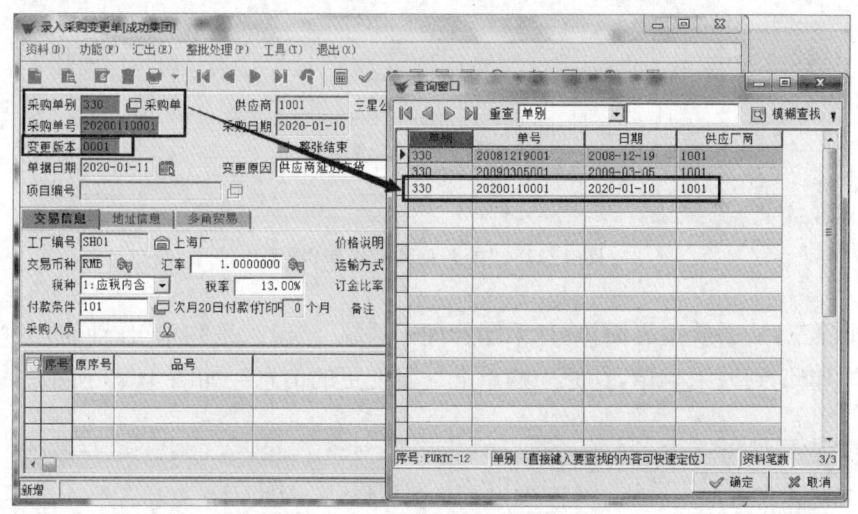

图4-21 "录入采购变更单"界面

【作业重点】

(1) 采购单别:可开窗选择要变更的采购单信息。

(2) 变更版本:自动显示此为第几版的变更,每变更一次,"变更版本"就会加"1"。版次的编号原则为0001~9999,表示每一张订单单号最多可变更9 999次。一天可变更的次数无限制。

注:前一个版本的变更未完成审核,不得进行下一个版本的变更。例如,"0002"的变更版本是以"0001"的"变更版本"为基础作变更的。同一张采购单有较大版次的变更单时,不可撤销作废或撤销审核较小版次的变更单。

(3) 变更原因:输入变更的原因,方便后续主管的审核和数据的查询。

步骤二:在"原序号"处开窗选择要更改的采购单信息,选择后再对需要变更的信息做修改,之后保存并送交审核。如图4-22所示。

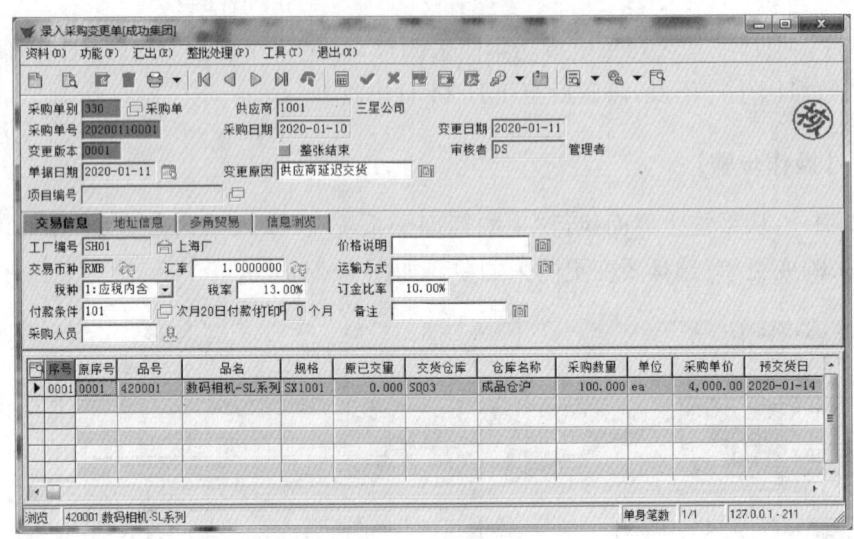

图4-22 "录入采购变更单"界面

步骤三:从系统主界面执行"采购管理子系统"|"录入采购单"作业,进入"录入采购单"查询到原采购单,在原采购单上查看变更的信息。如图4-23所示。

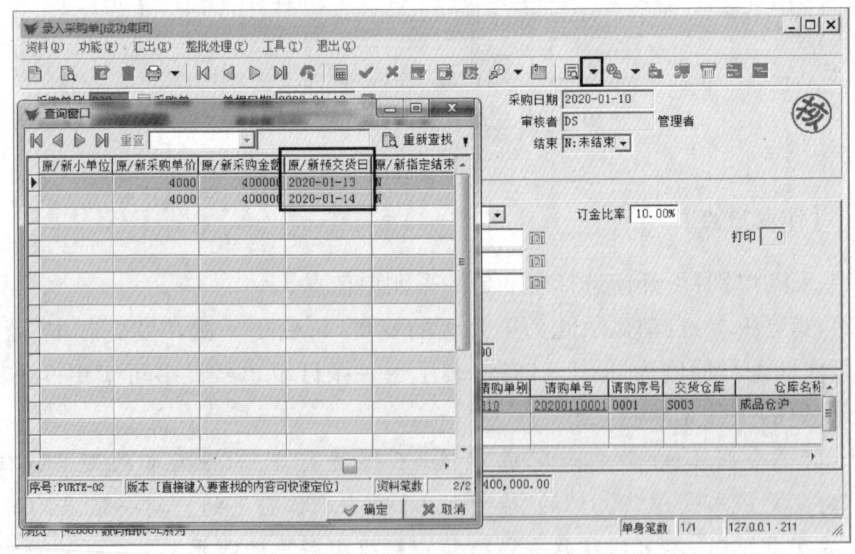

图4-23 "录入采购单"界面

【作业重点】

查看方式:选中要查看变更内容的那笔单身信息,单击"资料查询"|"历史变更信息查询",即可看到变更内容的窗口。

【作业流程复习】

作业流程复习如图 4-24 所示。

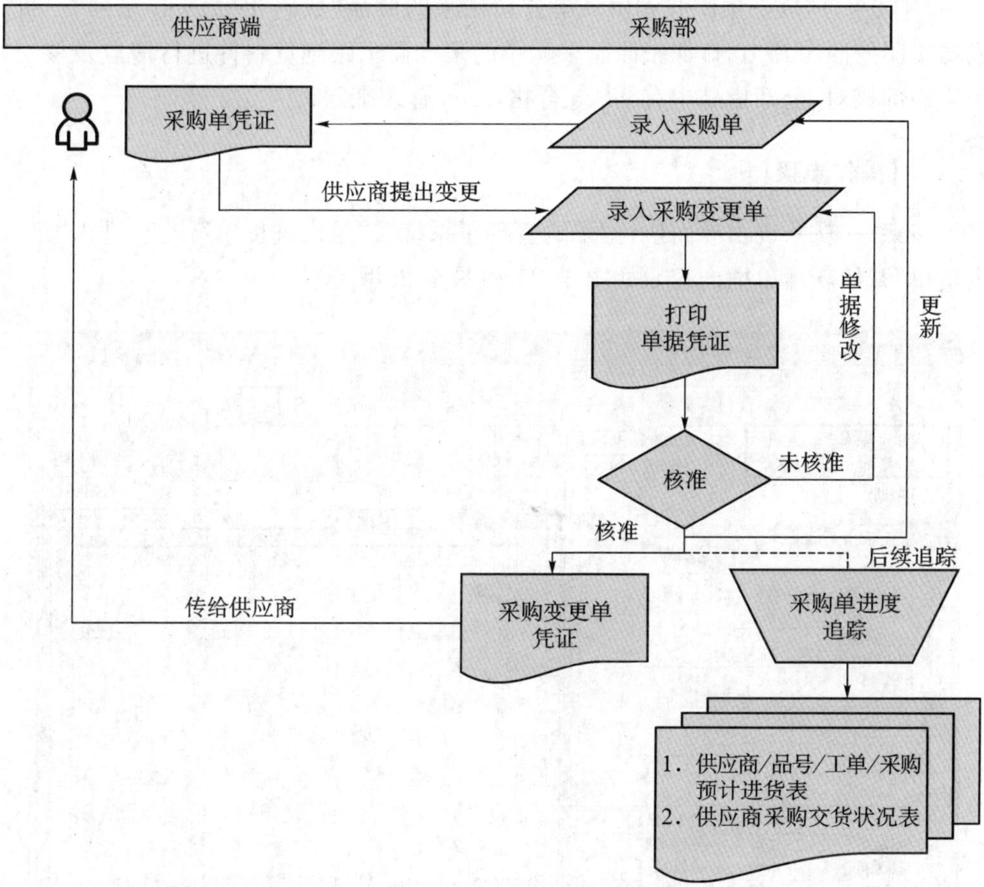

图 4-24　采购变更单流程

4.3.4 进货/进货验收流程

【目的】

进货是指录入采购进货相关信息。进货验收是指阶段式收料时,记录进货验收的动作,以确保供应商送来的原材料或零组件是正确而且可用的。可由品管部门来维护检验状态。

【业务场景】

1月14日,成功集团收到由三星公司送来的商品"数码相机—SL系列"一批。成功集团按照1月10日那张原始采购单的采购需求跟到货料件进行清点及核对。经质检部核对,全部货品中有98 ea合格,2 ea有瑕疵。

【操作步骤】

步骤一:从系统主界面执行"采购管理子系统"|"录入进货单"作业,进入"录入进货单"开始新增单据内容。如图4-25和图4-26所示。

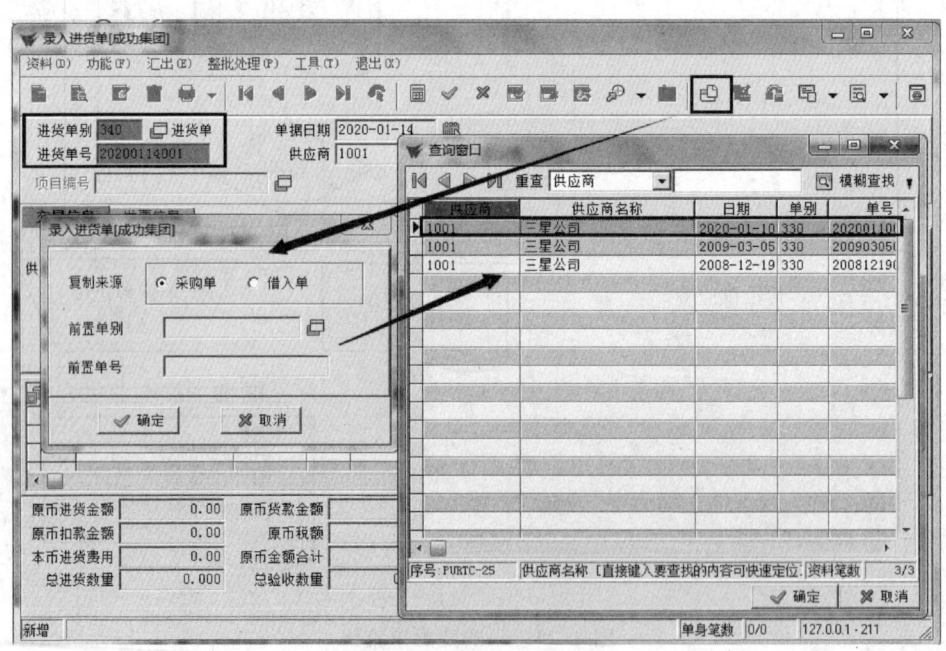

图4-25 "录入进货单"界面

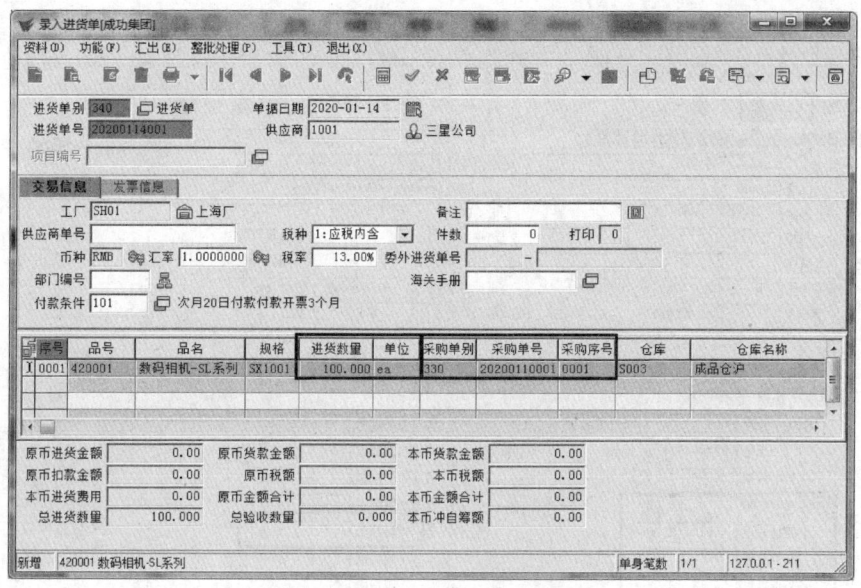

图 4-26 "录入进货单"界面

【作业重点】

（1）可开窗选择进货单别，系统自动带出单号，输入单据日期及供应商。

（2）接下来，可利用工具栏上的"复制前置单据"按钮，将采购单信息复制到进货单。一般而言，供应商会按照采购单的内容将货品送达，利用"复制前置单据"功能可以将采购信息复制到进货单，减少人工输入。

（3）在单身输入进货数量及单位，以及进货后要存放在哪一个仓库。

（4）采购单别—单号—序号：显示此笔进货所对应的采购单，后续可将入库数量信息回写至该采购单的"已交数量"。

（5）检验状态：当执行验收后，会将验收的结果呈现在这。由于此笔货品尚未进行验收，故当前呈现"1.待验"，待验状态的进货单是不能审核的。

步骤二：从系统主界面执行"采购管理子系统"|"进货单验收"作业，进入"进货单验收"查询出进货单"340-20200114001-0001"。输入验收结果后，将其保存，系统会认定这一笔进货验收已完成，单据自动呈现审核状态。如图 4-27 所示。

【作业重点】

（1）查询出来后，单击"修改"维护品检信息，此单据不可新增。

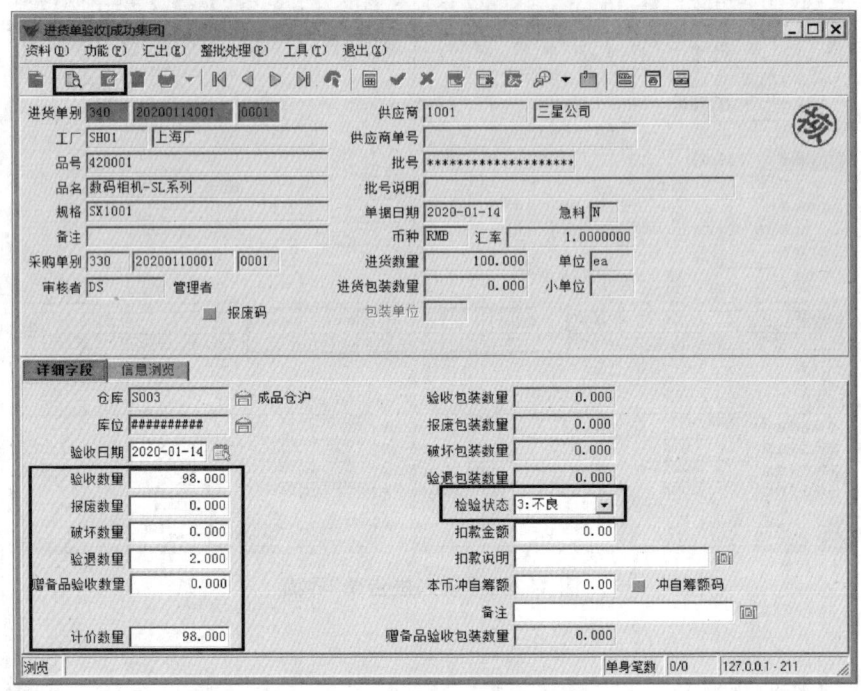

图 4-27 "进货单验收"界面

（2）验收数量为实际入库，库存增加的数量。计价数量是计算账款和存货金额的数量。故一般而言可有以下程序：进货数量（到货）→验收数量（验收）→计价数量（货款输入）。只要输入验收数量，系统会自行计算验退数量。验退数量的公式如下：

$$验退数量 = 进货数量 - 验收数量$$

（3）检验状态：有验退量时，系统会自动呈现"不良"；若全数验收通过，则自动呈现"合格"；若有验退情况，但属特殊原因需要收货，可以人工更改为"特采"。

步骤三：从系统主界面执行"采购管理子系统"|"录入进货单"作业，进入"录入进货单"查询出做过进货验收的单据。可以看到，验收动作完成后，验收信息已呈现在进货单上。如图 4-28 所示。

步骤四：从系统主界面执行"采购管理子系统"|"录入采购单"作业，进入"录入采购单"查询出这张进货单对应的采购单。可以看到，这张采购单的已交数量和结束状态。如图 4-29 所示。

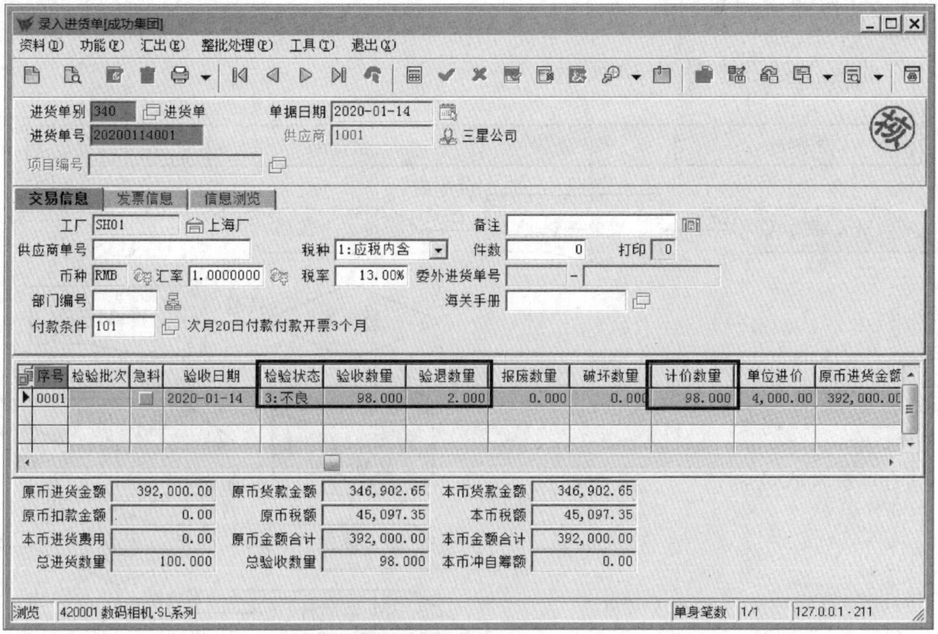

图 4-28 "录入进货单"界面

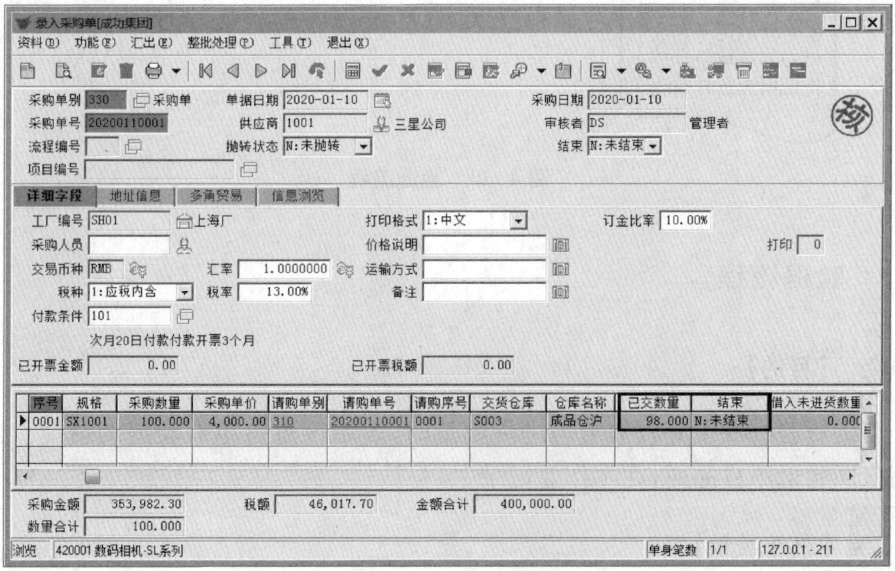

图 4-29 "录入采购单"界面

【作业流程复习】

作业流程复习如图 4-30 所示。

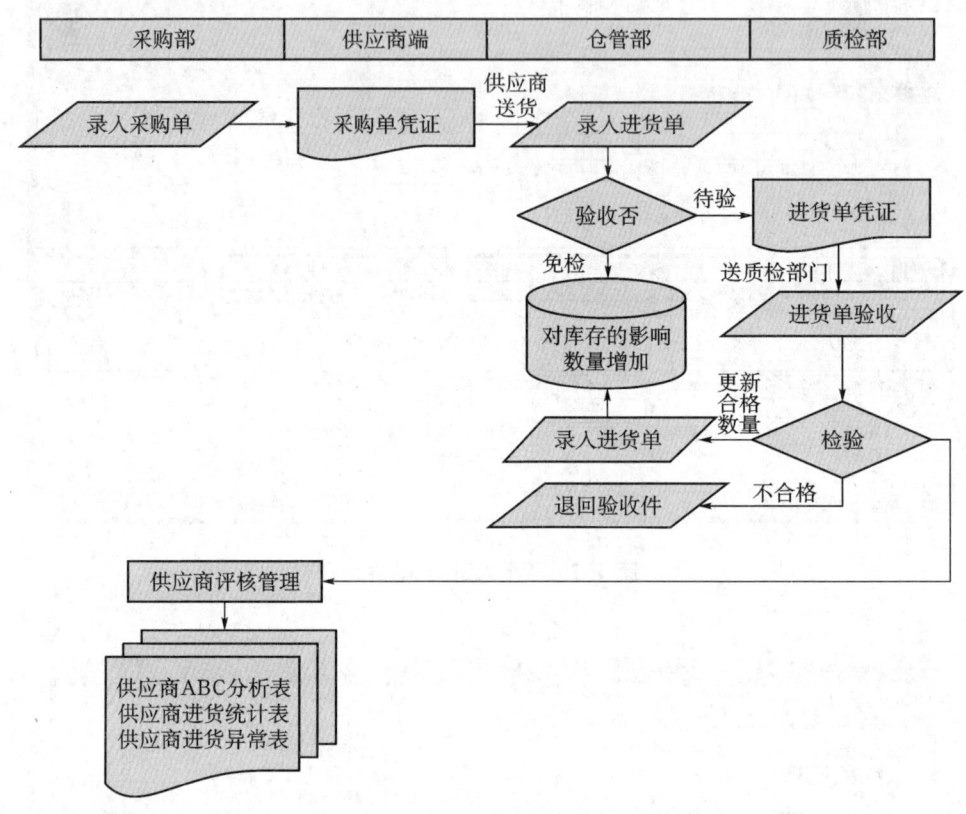

图 4-30　验退流程

4.3.5　验退流程

【目的】

当进货验收发生验收数量＜进货数量时,表示该进货单有验退的情况。当供应商取回验退不良品时,在本作业记录。

【业务场景】

成功集团通知三星公司将 2 ea 不良品取回,并尽快补上 2 ea 货品。

第 4 章 采购管理子系统 | 147

【操作步骤】

步骤一：从系统主界面执行"采购管理子系统"|"退回验退件"作业，进入"退回验退件"开始新增单据内容。如图 4-31 所示。

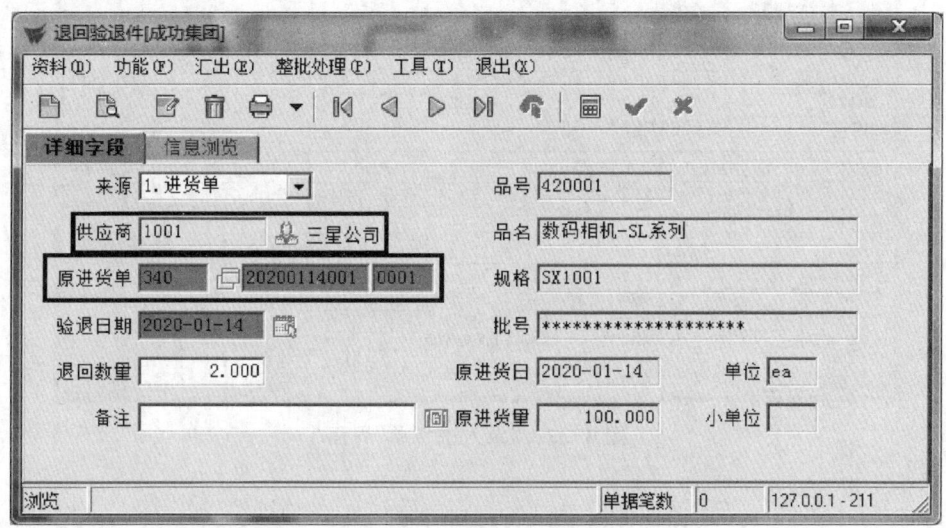

图 4-31 "退回验退件"界面

【作业重点】

（1）供应商：F2 键开窗选择要退回验退件的供应商。

（2）在"原进货单"字段开窗选择要退回哪一张"进货单"的验退品，系统会自动带出退回数量、品号、品名等资料。检查后，没有问题即可保存。

注：不合格的商品从来没有允收入库过，只是从企业的进料检验区退回给供应商，所以登录数据后，并不会影响应付账款。同时，对原有的库存数量也不会造成任何影响。

步骤二：从系统主界面执行"采购管理子系统"|"录入进货单"作业，进入"录入进货单"查询到进货单"340-20200114001"进行查看，验退码已经打钩。如图 4-32 所示。

【作业流程复习】

作业流程复习如图 4-33 所示。

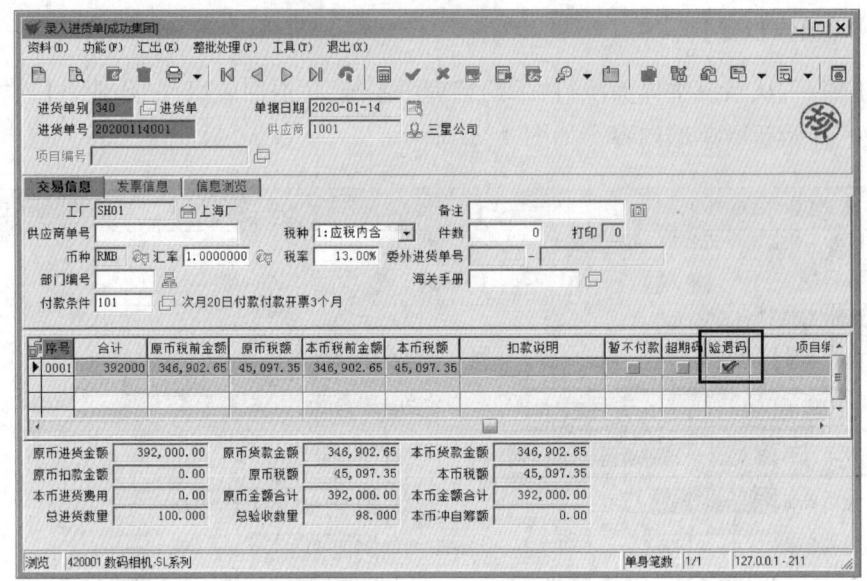

图 4-32 "录入进货单"界面

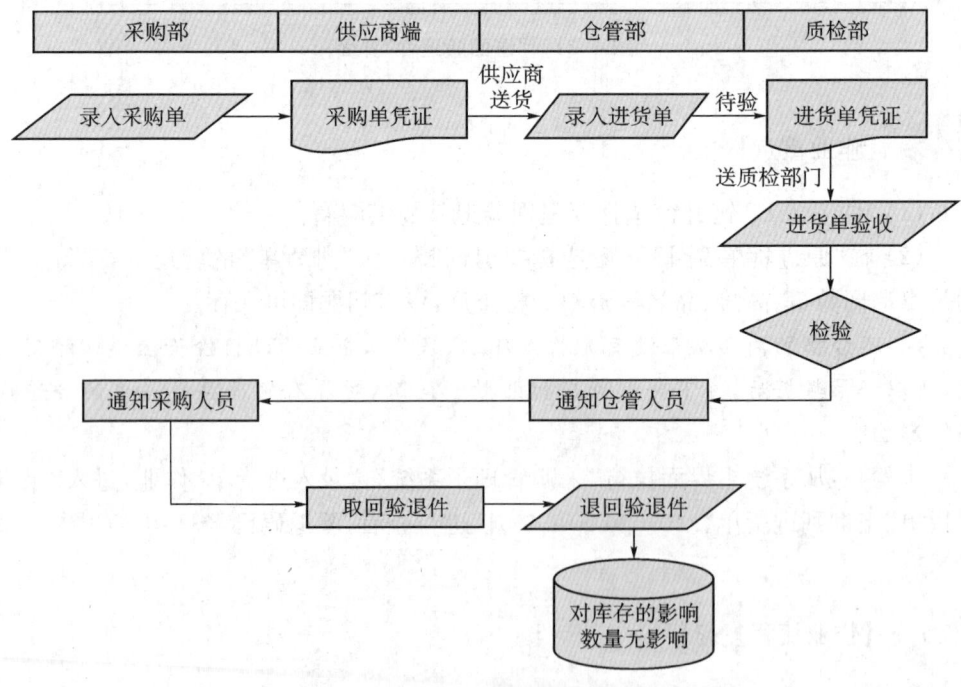

图 4-33 验退流程

4.3.6 进货退回流程

【目的】

如果原材料或零组件在入库后,才发现料件质量不良,或因特殊原因必须将料件退回给原供应商时,就需按退货流程处理。有两种处理方式,一种是"退货",产品确定退回,使用退货单记录退回商品信息,之后可能换取新货;另一种是"折让",产品不退回,而以应付金额减少的方式处理。处理方式不同,对库存的影响也会有不同。

【业务场景】

成功集团发现之前向供应商大进公司进货的"防尘相机套—黑色"中的 5pcs 有瑕疵,1 月 12 日,将某退货给供应商大进公司。

【操作步骤】

步骤一:从系统主界面执行"采购管理子系统"|"录入退货单"作业,进入"录入退货单"开始新增单据内容。如图 4-34 所示。

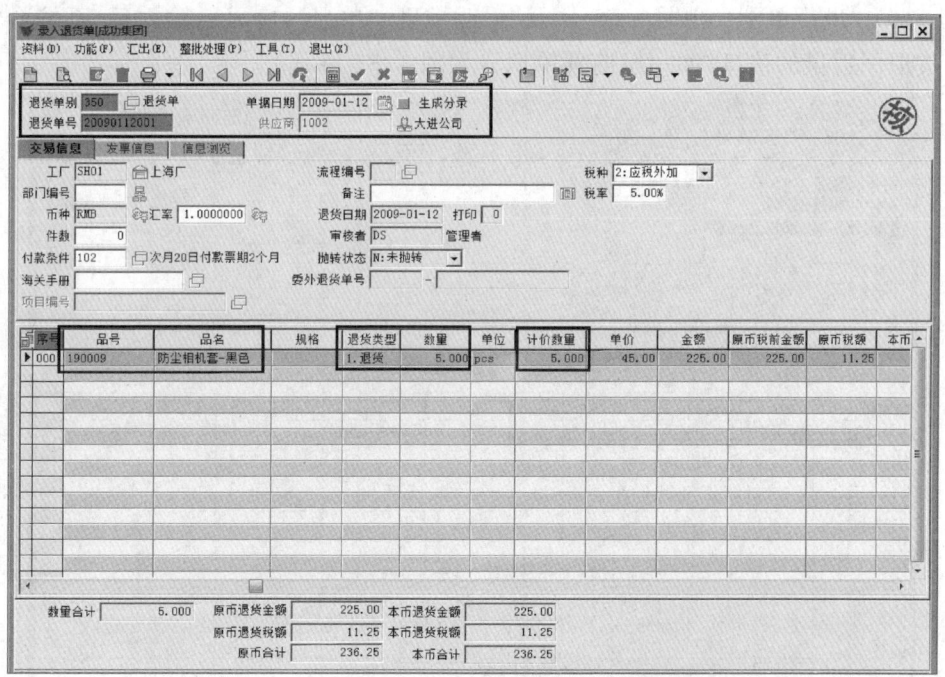

图 4-34 "录入退货单"界面

【作业重点】

(1) 退货单别:F2 键开窗选择单别(由于公司可能会将进货退回和进货折让分为不同的单别,所以选择时要注意)。选好后,系统会根据该单别单据性质的设定进行编号。输入单据日期、供应商,也可开窗选择。

(2) 输入供应商后,会按照供货商信息的设定自动带出币种、付款条件、发票等信息,请检查这些信息的正确性,尤其当退货单必须对应原始进货单时,这些信息必须与原始进货单相符。

(3) 单身品号字段的输入提供 4 种辅助功能键,包括 F2 键品号信息查询、F3 键品号供应商信息查询、F4 键进货单信息查询、F11 键品号属性查询。本业务利用 F4 键选择进货信息,系统会自动将进货单的内容复制过来,再加以修改部分信息就可以了。

(4) 退货单上的类型有"退货"与"折让",退货是指有将货品退回给供应商,会影响库存数量的增减;折让是针对金额上面的折减,不影响库存数量的增减。当选择"退货"时,还需要填写退货数量以及单价是多少。

注:如果类型选择"折让",则不可以输入数量,只要直接输入"折让的金额"即可。

(5) "进货单别—单号—序号"及"采购单别—单号—序号":输入后,系统会将进货退回数量的信息,回写至前置单据。如图 4-35 所示。

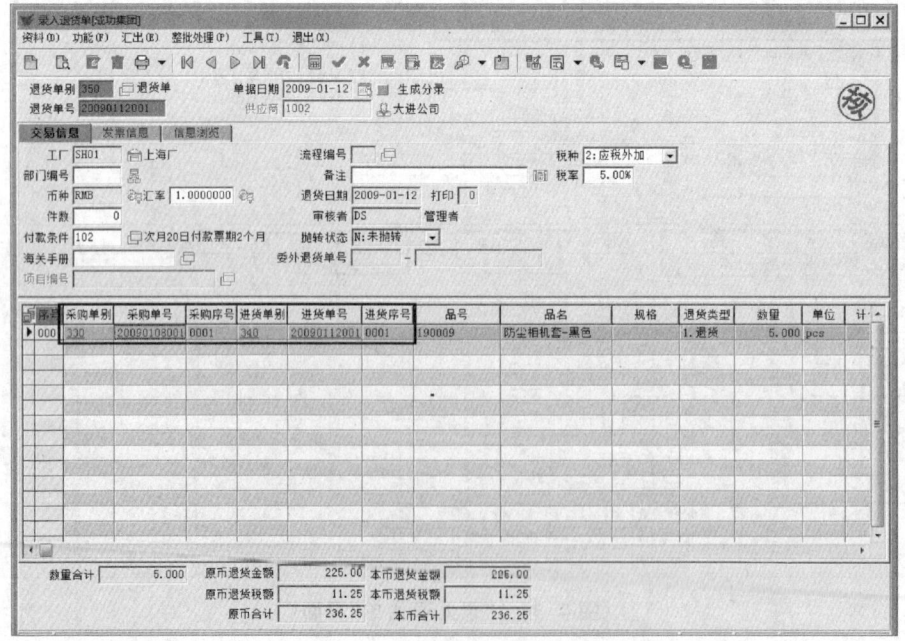

图 4-35 "录入退货单"界面

步骤二：保存后的单据检查无误后即可审核。如图 4-36 所示。

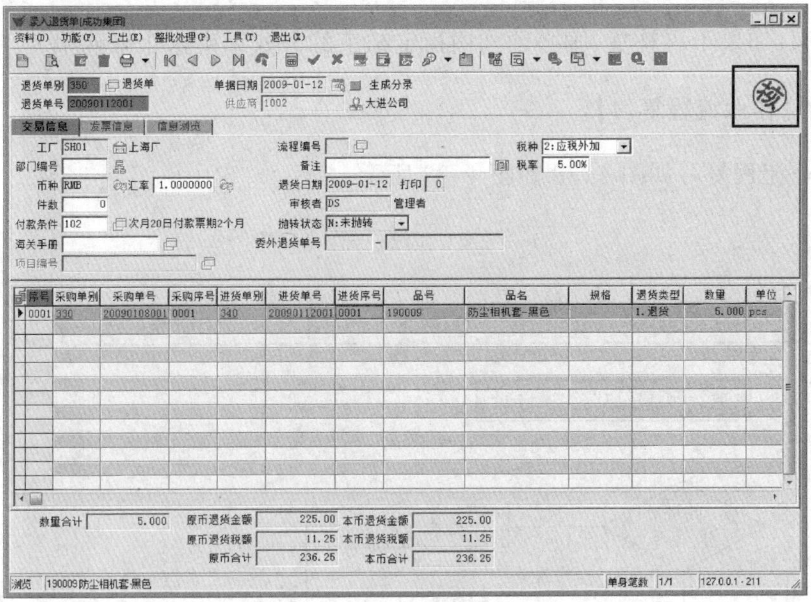

图 4-36 "录入退货单"界面

步骤三：从系统主界面执行"采购管理子系统"|"录入采购单"作业，进入"录入采购单"查询出做过退货的单据。可以看到，退货动作完成后，已交数量已经扣除了退货的数量，结束状态也变成了未结束。如图 4-37 所示。

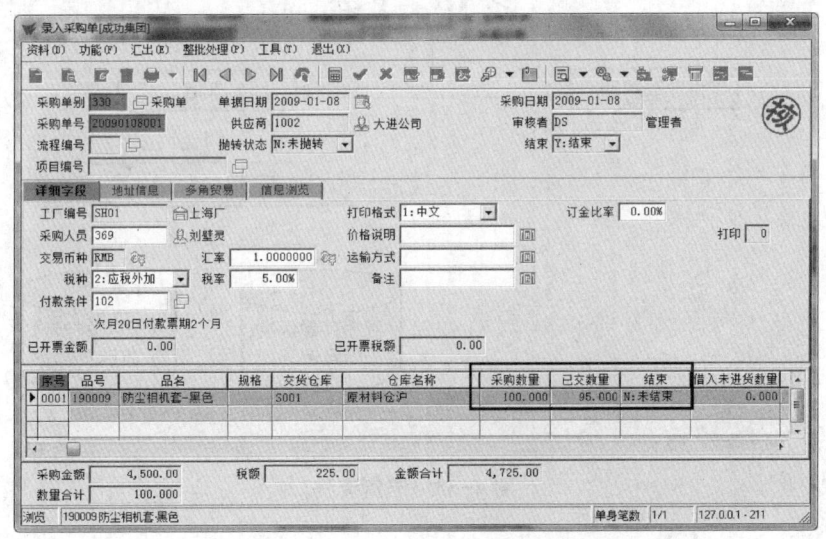

图 4-37 "录入采购单"界面

【作业重点】

结束：如果不再补货，则必须利用指定结束的方式结束这张采购单。

【作业流程复习】

作业流程复习如图 4-38 和图 4-39 所示。

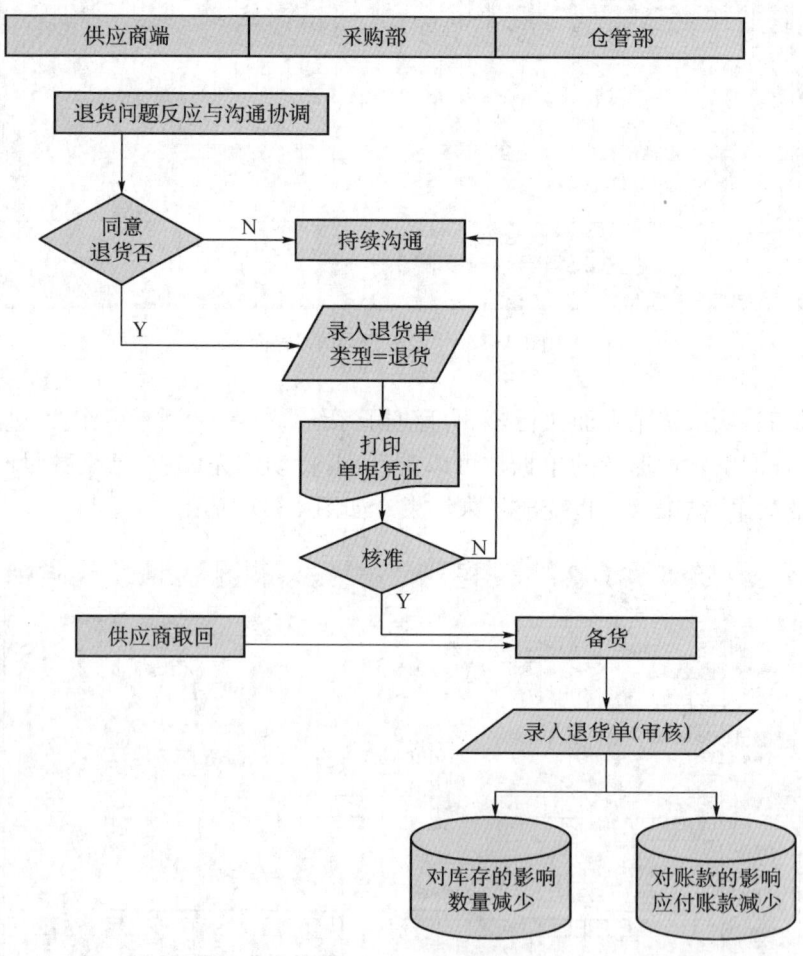

图 4-38 退货流程

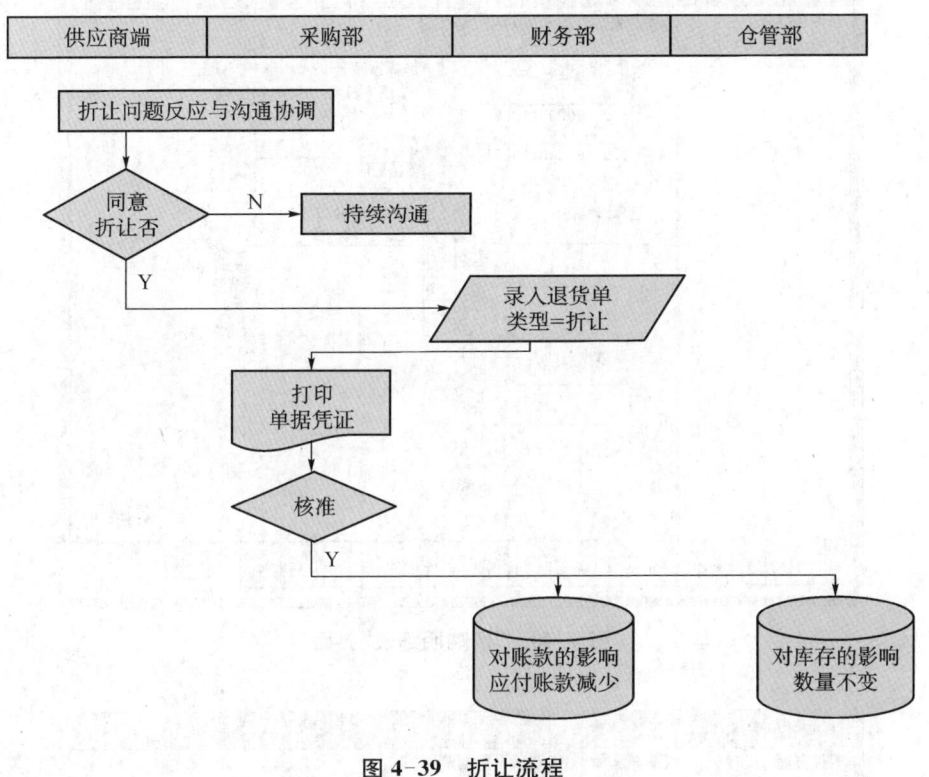

图 4-39 折让流程

4.4 常用报表简介

4.4.1 请购单明细表

【目的】

采购人员在下采购单前,可打印请购单明细表查询所有已请购的明细信息。

【操作步骤】

步骤一:在"请购明细表"界面上进行设置,然后单击"直接查询"。如图 4-40 和图 4-41 所示。

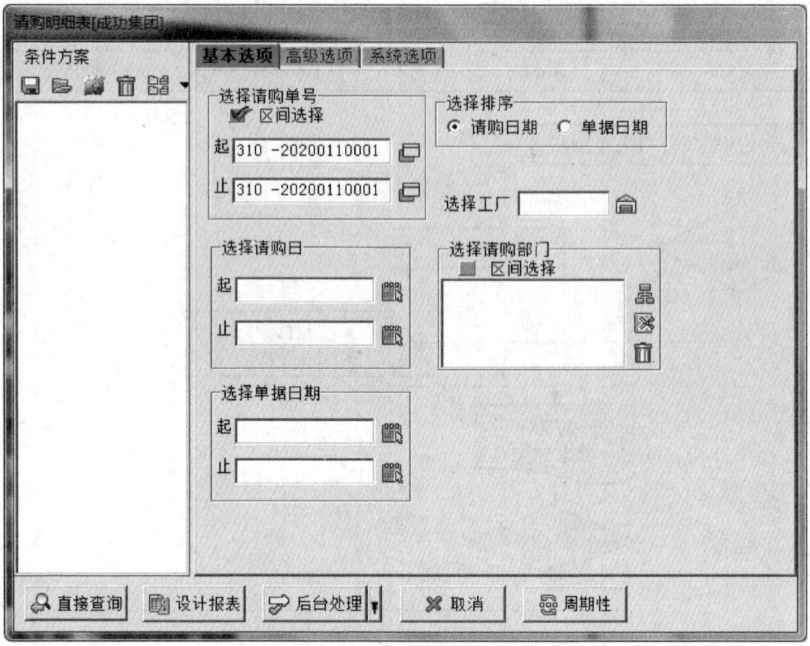

图4-40 "请购明细表"界面

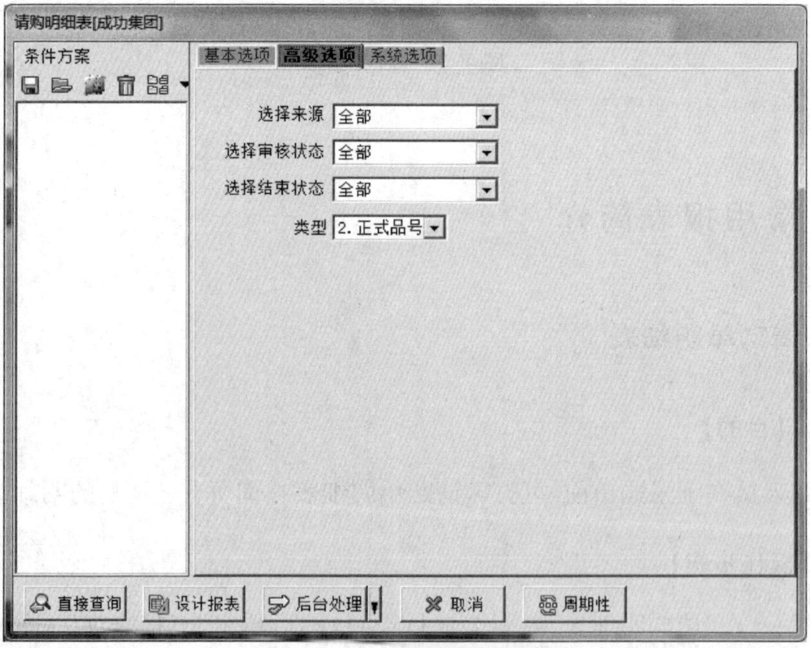

图4-41 "请购明细表"界面

步骤二:报表产出结果。如图4-42所示。

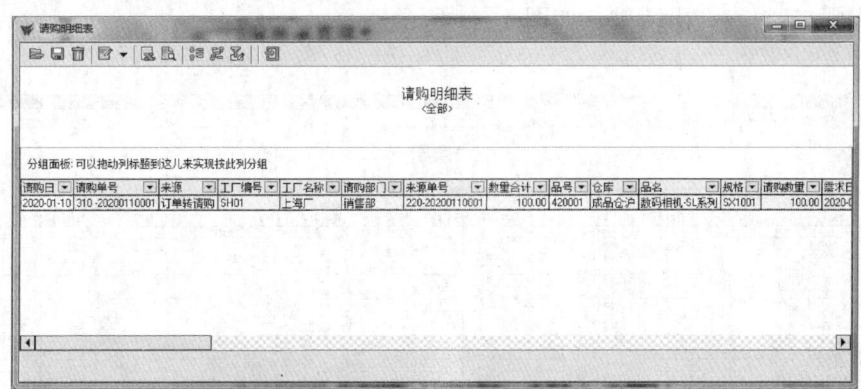

图 4-42 "请购明细表"界面

4.4.2 采购明细表

【目的】

采购明细表可查询所有已有采购单的数据,作为采购审核下单及跟催的依据。

【操作步骤】

步骤一:在"采购明细表"界面上进行设置,然后单击"直接查询"。如图4-43

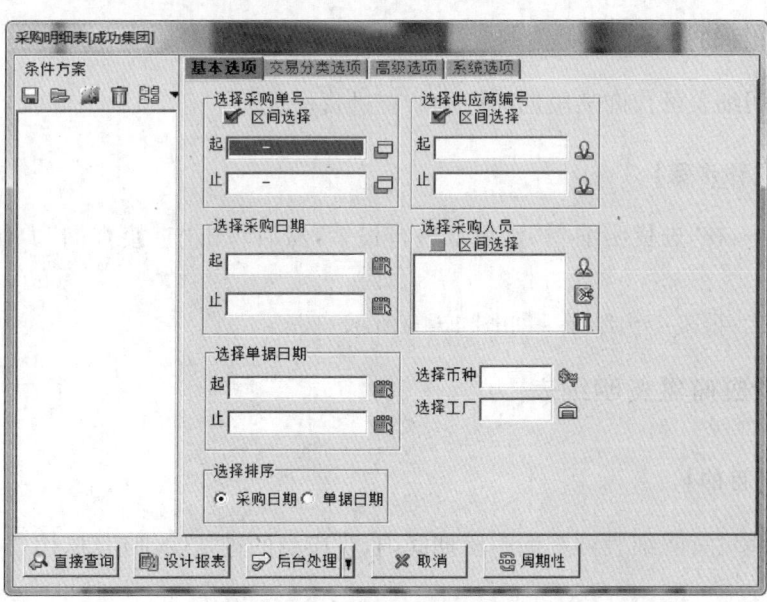

图 4-43 "采购明细表"界面

和图 4-44 所示。

步骤二：报表产出结果。如图 4-44 所示。

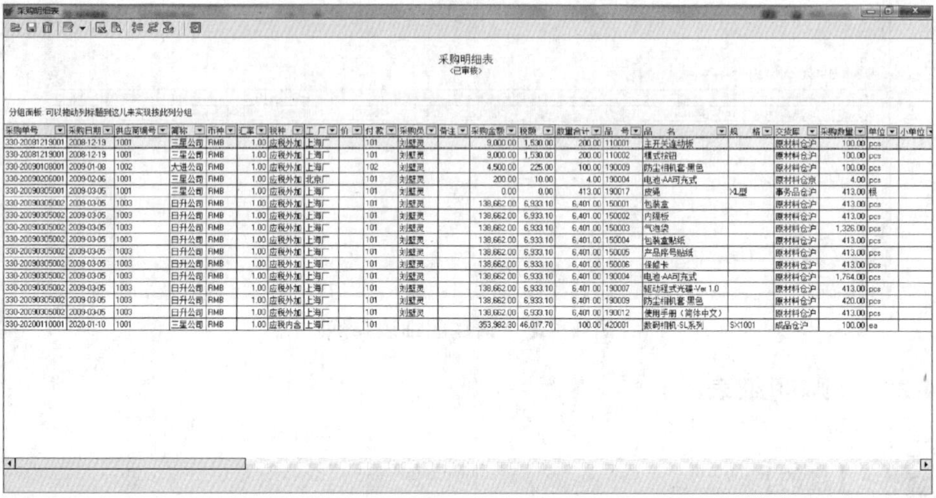

图 4-44 "采购明细表"界面

4.4.3 进货明细表

【目的】

进货明细表可查询某段期间内的所有进货信息。

【操作步骤】

步骤一：在"进货明细表"界面上进行设置，然后单击"直接查询"。如图 4-45 所示。

步骤二：报表产出结果。如图 4-46 所示。

4.4.4 供应商供货明细表

【目的】

供应商供货明细表可查询一段期间内，供应商的进货明细信息，用于供应商账款对账。

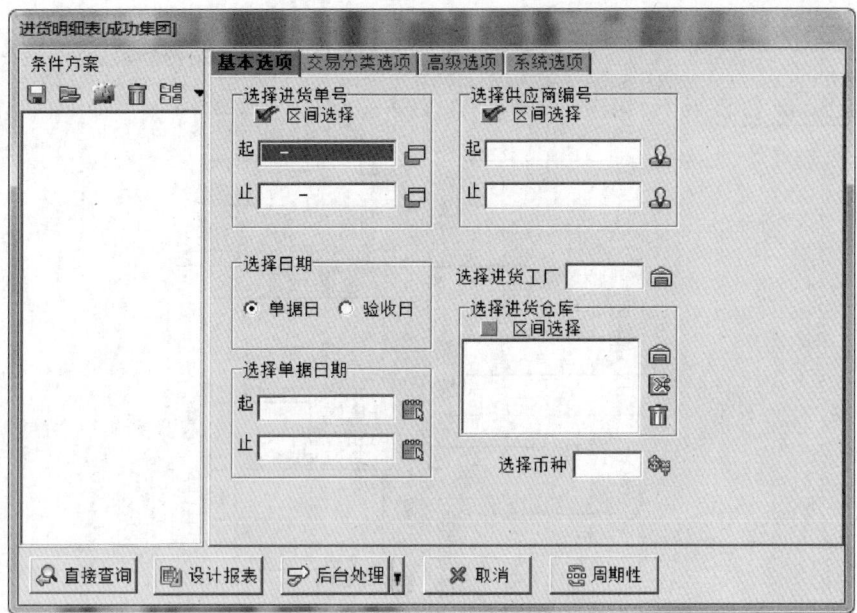

图 4-45 "进货明细表"界面

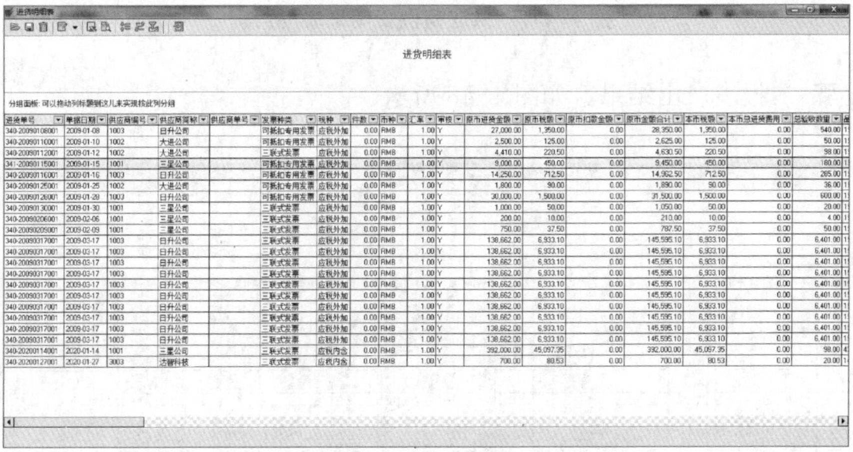

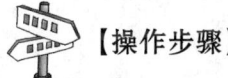

图 4-46 "进货明细表"界面

【操作步骤】

步骤一：在"供应商供货明细表"界面上进行设置，然后单击"直接查询"。如图 4-47 所示。

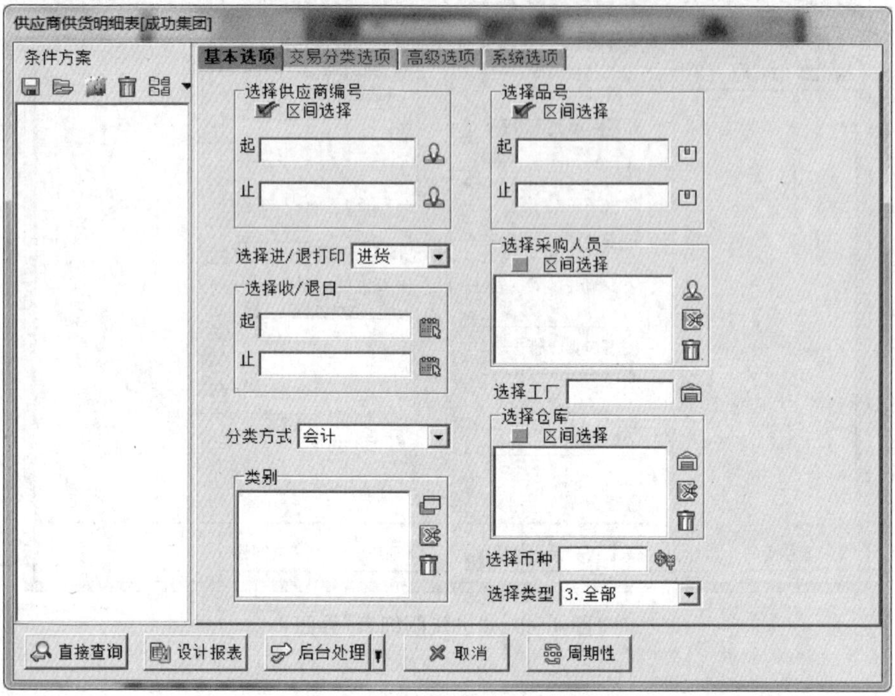

图 4-47 "供应商供货明细表"界面

步骤二:报表产出结果。如图 4-48 所示。

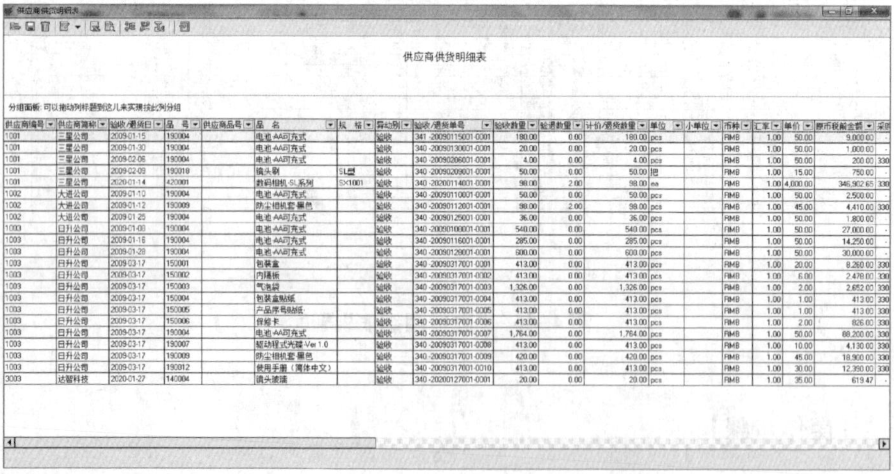

供应商供货明细表

分组面板: 可以拖动列标题到这儿来实现按此列分组

供应商编号	供应商简称	验收/退货日	品 号	供应商品号	品 名	规 格	异动别	验收/退货单号	验收数量	验退数量	计价/退货数量	单位	小单位	币种	汇率	单价	原币税前金额	采
1001	三星公司	2009-01-15	190004		电池-AA可充式		验收	341 -20090115001-0001	180.00	0.00	180.00	pcs		RMB	1.00	50.00	9,000.00	-
1001	三星公司	2009-01-30	190004		电池-AA可充式		验收	340 -20090130001-0001	20.00	0.00	20.00	pcs		RMB	1.00	50.00	1,000.00	-
1001	三星公司	2009-02-06	190004		电池-AA可充式		验收	340 -20090206001-0001	4.00	0.00	4.00	pcs		RMB	1.00	50.00	200.00	330
1001	三星公司	2009-02-09	190018		镜头刷	SL型	验收	340 -20090209001-0001	50.00	0.00	50.00	把		RMB	1.00	15.00	750.00	-
1001	三星公司	2020-01-14	420001		数码相机-SL系列	SX1001	验收	340 -20200114001-0001	98.00	2.00	98.00	ea		RMB	1.00	4,000.00	346,902.65	330
1002	大进公司	2009-01-10	190004		电池-AA可充式		验收	340 -20090110001-0001	50.00	0.00	50.00	pcs		RMB	1.00	50.00	2,500.00	-
1002	大进公司	2009-01-12	190009		防尘相机套-黑色		验收	340 -20090112001-0001	98.00	2.00	98.00	pcs		RMB	1.00	45.00	4,410.00	330
1002	大进公司	2009-01-25	190004		电池-AA可充式		验收	340 -20090125001-0001	36.00	0.00	36.00	pcs		RMB	1.00	50.00	1,800.00	-
1003	日升公司	2009-01-08	190004		电池-AA可充式		验收	340 -20090108001-0001	540.00	0.00	540.00	pcs		RMB	1.00	50.00	27,000.00	-
1003	日升公司	2009-01-16	190004		电池-AA可充式		验收	340 -20090116001-0001	285.00	0.00	285.00	pcs		RMB	1.00	50.00	14,250.00	-
1003	日升公司	2009-01-28	190004		电池-AA可充式		验收	340 -20090128001-0001	600.00	0.00	600.00	pcs		RMB	1.00	50.00	30,000.00	-
1003	日升公司	2009-03-17	150001		包装盒		验收	340 -20090317001-0001	413.00	0.00	413.00	pcs		RMB	1.00	20.00	8,260.00	330
1003	日升公司	2009-03-17	150002		内隔板		验收	340 -20090317001-0002	413.00	0.00	413.00	pcs		RMB	1.00	6.00	2,478.00	330
1003	日升公司	2009-03-17	150003		气泡袋		验收	340 -20090317001-0003	1,326.00	0.00	1,326.00	pcs		RMB	1.00	2.00	2,652.00	330
1003	日升公司	2009-03-17	150004		包装盒贴纸		验收	340 -20090317001-0004	413.00	0.00	413.00	pcs		RMB	1.00	1.00	413.00	330
1003	日升公司	2009-03-17	150005		产品序号贴纸		验收	340 -20090317001-0005	413.00	0.00	413.00	pcs		RMB	1.00	1.00	413.00	330
1003	日升公司	2009-03-17	150006		保修卡		验收	340 -20090317001-0006	413.00	0.00	413.00	pcs		RMB	1.00	2.00	826.00	330
1003	日升公司	2009-03-17	190004		电池-AA可充式		验收	340 -20090317001-0007	1,764.00	0.00	1,764.00	pcs		RMB	1.00	50.00	88,200.00	330
1003	日升公司	2009-03-17	190007		驱动程式光碟-Ver 1.0		验收	340 -20090317001-0008	413.00	0.00	413.00	pcs		RMB	1.00	10.00	4,130.00	330
1003	日升公司	2009-03-17	190009		防尘相机套-黑色		验收	340 -20090317001-0009	420.00	0.00	420.00	pcs		RMB	1.00	45.00	18,900.00	330
1003	日升公司	2009-03-17	190012		使用手册（简体中文）		验收	340 -20090317001-0010	413.00	0.00	413.00	pcs		RMB	1.00	30.00	12,390.00	330
3003	达智科技	2020-01-27	140004		镜头玻璃		验收	340 -20200127001-0001	20.00	0.00	20.00	pcs		RMB	1.00	35.00	619.47	-

图 4-48 "供应商供货明细表"界面

4.4.5 预计进货表

【目的】

系统提供 4 种不同角度的预计进货报表，主要用来控管及跟催进货的状况。

（1）供应商预计进货表：从供应商角度，查询未来一段期间内，供应商预计进货的明细资料。

（2）料件预计进货表：以品号角度，查询某个料件预计在何时进货。

（3）工单预计进货表：以工单角度，查询该工单的料件未来预计进货状况。

（4）采购预计进货表：以采购单预计交货日，查询某一天预计进来哪些料件。

【操作步骤】

步骤一：以"料件预计进货表"举例，在"料件预计进货表"界面上设置，然后单击"直接查询"。如图 4-49 所示。

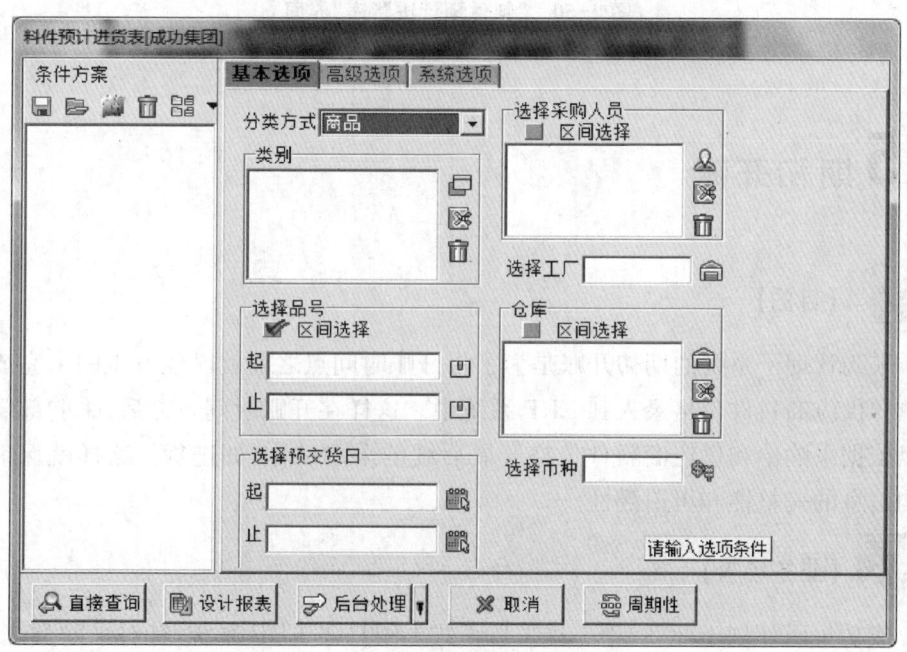

图 4-49　"料件预计进货表"界面

步骤二：报表产出结果。如图 4-50 所示。

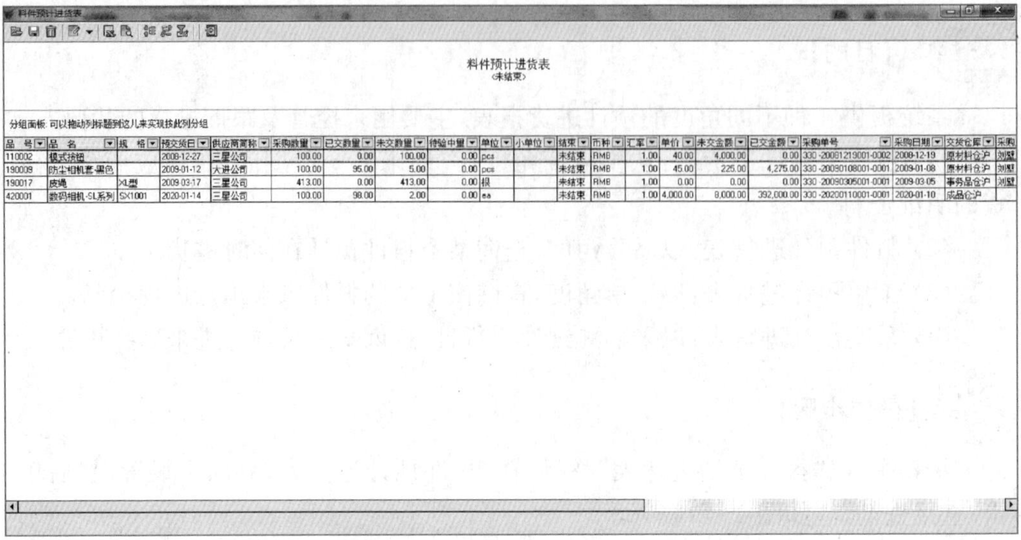

图 4-50 "料件预计进货表"界面

4.5 期初开账

【目的】

采购管理子系统的期初开账是为了将开账时间点之前就已经发生的未完成采购单和供应商料件价格录入到 ERP 系统中。这样在开账时间点之后,采购部门就可以依据采购单和供应商料件价格开展后续的采购动作,如进货。这样就保证了采购信息的完整性和可追溯性。

【业务场景】

成功集团计划于 2020 年 1 月 1 日正式上线易飞 ERP 系统,针对采购类部分,必须在 1 月 1 日前将开账数据输入到系统里,这样才有期初数据。为了掌握资料是最实时的,往前推一天,也就是在 2019 年 12 月 31 日,把到当天为止的未结束的采购单信息和供应商料件价格,录入到采购管理子系统中。

【操作步骤】

步骤一：收集截止到 2019 年 12 月 31 日前，未进货完毕的采购单。收集格式如表 4-3 所示。

表 4-3　收集未出货完成的采购单

金额单位：元

供应商	品号	数量(pcs)	单价	已交数量(pcs)
1007 名望公司	110001 主开关连动板	100	50	0
1007 名望公司	110002 模式按钮	100	40	0
……	……	……	……	……

步骤二：将上述未进货完毕的采购单信息逐笔输入到"录入采购单"作业。不需输入进货单，直接通过工具栏的"输入已交数量"输入开账时间点之前的已采购数量。如图 4-51 至图 4-53 所示。

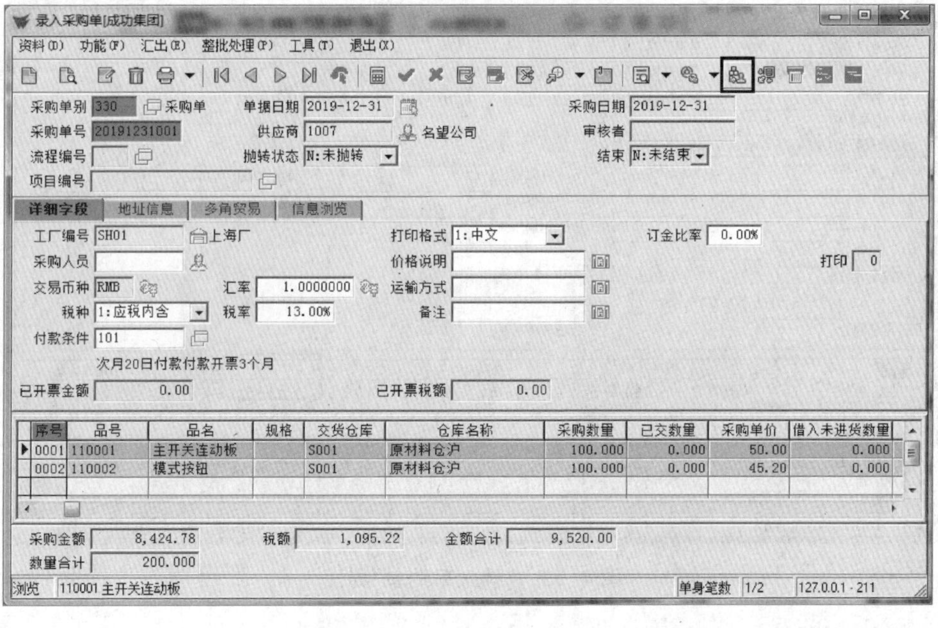

图 4-51　"录入采购单"界面

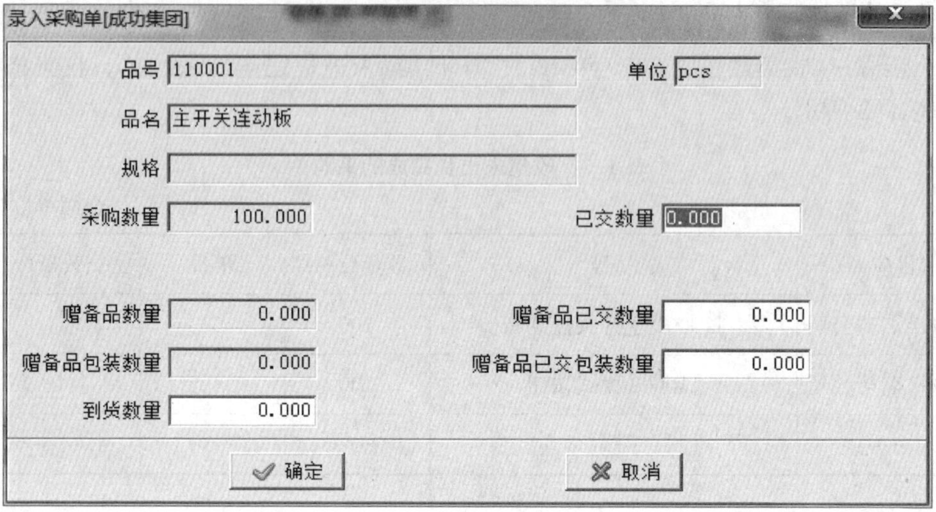

图 4-52 "录入采购单"界面

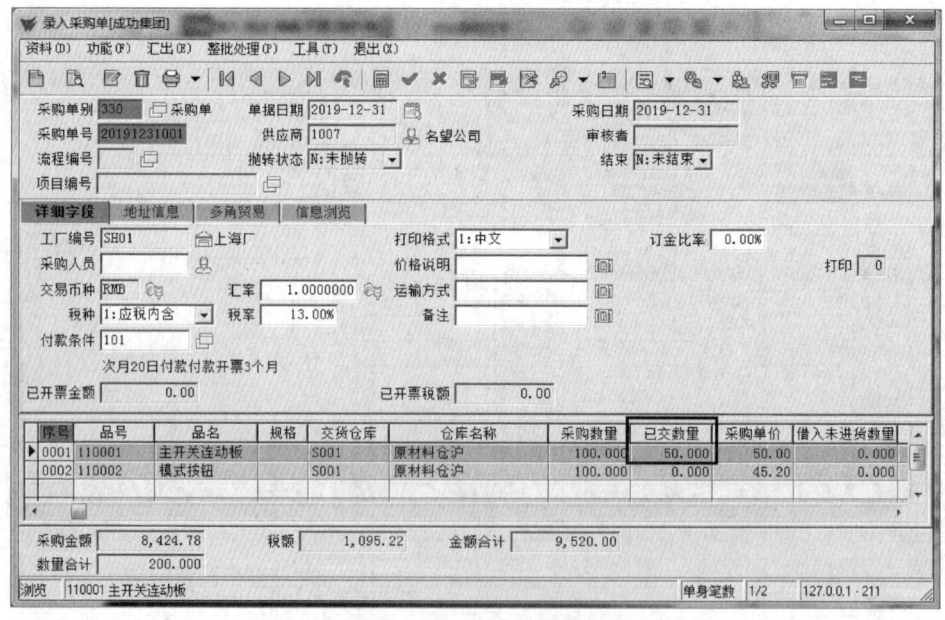

图 4-53 "录入采购单"界面

步骤三:收集 2019 年 12 月 31 日供应商料件价格,格式如表 4-4 所示。

表 4-4　收集供应商料件价格

金额单位:元

品号	客户名称	单价
110001 主开关连动板	1007 名望公司	50
110002 模式按钮	1007 名望公司	40
……	……	……

步骤四:将上述数据输入到"录入供应商料件价格"作业中。如图 4-54 所示。

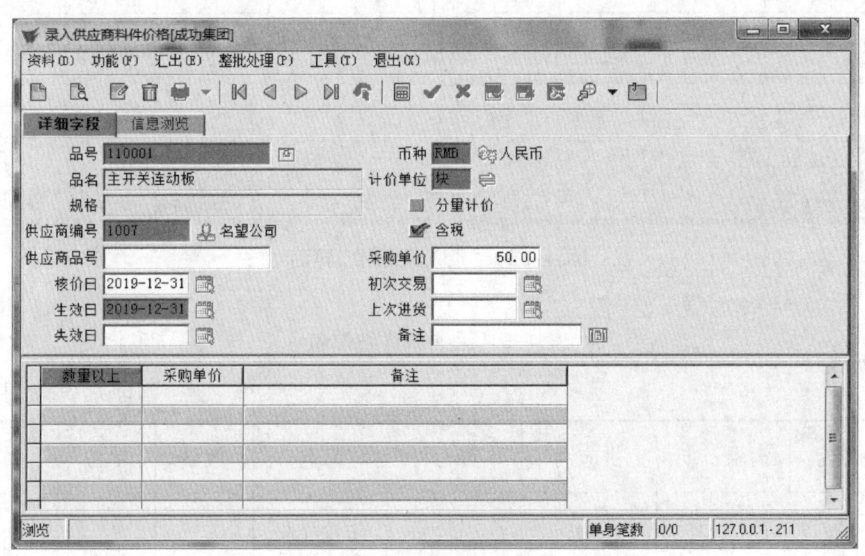

图 4-54　"录入供应商料件价格"界面

步骤五:人员录入采购单时,系统可直接带出供应商料件价格中设置的单价。如图 4-55 所示。

【课后习题】

1. 成功集团的产品"防尘相机套—黑色"为买进卖出的商品,非自制品,已销售一段时间,有配合一段时间的供货商,按公司制度须进行请购、采购程序。公司接单后,转向供应商大进公司(编号 1002)购买,详细信息如表 4-5 所示。

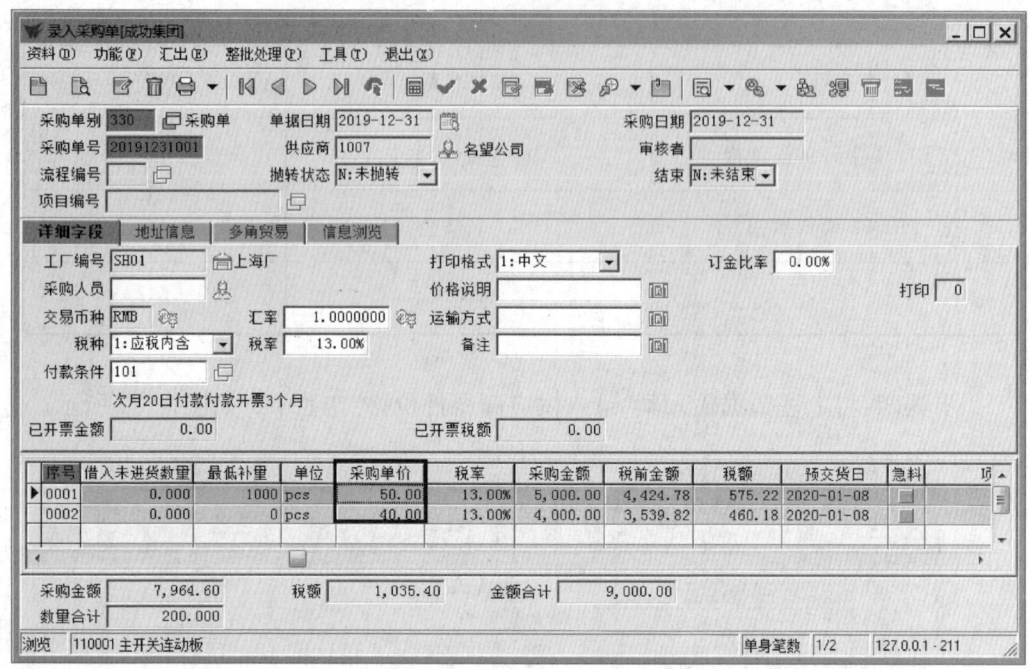

图 4-55 "录入采购单"界面

表 4-5 采购单详细信息

金额单位:元

请购部门	需求日期	供应商	品号	品名	数量	单位	单价
1000业务部	20200330	1002大进公司	190009	防尘相机套—黑色	60	pcs	10

请先录入一张客户订单,之后通过执行"从订单自动转成采购单"生成采购单,执行时选择请购单别310。

2. 成功集团向供应商大进公司更改交货时间,请供应商由原先的2020年3月30日改为2020年3月20日交货。请录入一张采购变更单变更此日期,并到录入采购单中查看历史变更信息。

3. 供应商大进公司(编号1002)于2020年3月20日送来货品"防尘相机套—黑色"60 pcs,由公司仓库人员收货放置于验收区。详细信息如表4-6所示。

表 4-6 进货详细信息

供应商	工厂	品号	品名	进货数量	单位	仓库	验收数量	验退数量
1002 大进公司	SH001 上海厂	190009	防尘相机套—黑色	60	pcs	S001 原材料仓沪	59	1

请录入进货单和进货验收单,完成销货流程,进货单别选择 340。销货单审核前后去查看库存数量的变化,以及订单中"已交数量"和"结束"码的变化。